困難な時代でも
企業を存続させる!!

「事業継続マネジメント」実践ガイド

田代邦幸 著

セルバ出版

はじめに

本書をお手に取っていただき、誠にありがとうございます。

本書のタイトルにある「事業継続マネジメント」（ＢＣＭ）とは、事故や災害などの影響で事業活動が中断されてしまった場合に、どのような方法で事業再開・継続を果たしていくかを、平常時のうちに検討し、準備しておくための方法論です。また、実際に事業中断に陥ってしまったときに、事業再開・継続を実現するための方法を文書化した計画のことを「事業継続計画」（ＢＣＰ）といいます。

筆者が本書を執筆している2021年4月においては、世界中で新型コロナウイルス感染症によるパンデミック（世界規模での流行）が猛威を振るっており、いまだ収束の見通しは立っておりません。２０２０年初頭から日本でも感染者が増加し、多くの企業が規制や自粛などによる事業活動への制限や、顧客の大幅減少などの影響を受けながら、感染防止対策や事業継続、さらには企業の存続のために奔走しておられることと思います。

筆者が専門としている事業継続マネジメントの分野においても、２０２０年には、このような状況を踏まえて様々な議論がありました。事業継続のための活動をいかにパンデミックに対応させていくかというような観点もあれば、ＢＣＰはこのようなパンデミックには役に立たないのではないかといった極端な意見もありましたが、いずれにしてもパンデミックによって事業継続マネジメントの重要性が再認識されたことは疑いようがありません。

しかしながら、一方で、これまで事業継続に関する取組みも検討も進めてこなかったという企業が多いのも事実です。今このページを読んでくださっている方々の中にも、これまで「事業継続マネジメント」という言葉を知らなかった、あるいは何から始めればいいのかわからず手をつけられなかった、という方が少なくないのではないでしょうか。

そのような状況であっても、まず本書をお手に取っていただき、このページを開いてくださったということは（たとえ書店での立読みだったとしても）、あなたが御社の事業継続に関して既に何らかの問題意識を感じておられるということかと思います。

日本企業の、特に中小企業の多くが未だにそのような問題意識を抱いていない現状において、既にこのページを開いておられることは、非常に大きなアドバンテージです。ぜひ、その問題意識を放置せずに、実践への1歩を今すぐ踏み出していただきたいと思います。

本書は、事業継続マネジメントの実務に20年近く携わってきた筆者自身が持つノウハウを、特に中小企業の皆様に自力で取り組んでいただけるように書籍化したものです。しかもそのノウハウは、筆者の我流ではなく、世界的に広く用いられている標準的な方法論に基づいています。

この方法論は、もちろん日本企業にとっても有用であり、正しく理解すれば、特に中小企業の事業継続のために確実にプラスになるノウハウです。しかしながら、参考書などの情報の多くが英語で書かれている等の理由から、日本企業にはあまり普及していないのが現状です。

筆者は、２００５年にこの分野のコンサルティングに従事するようになって以来、事業継続マネジメントに関する本家本元の1つである、ＢＣＩ（The Business Continuity Institute）が発行するガイドラインや、海外のＢＣＩ会員および関係者との間での議論から、実践的な事業継続マネジメントのノウハウを学び、また多くのコンサルティング案件での実践を通して、この方法論を日本企業に適用するための勘どころやコツを習得してきました。

本書の執筆に当たっては、そのようなノウハウや経験を、書籍という媒体で表現できる限り、惜しみなく投入しています。その結果として、それなりに分量の多い本になりました。特に第3章〜第4章あたりは文字数が多くなっており、読みにくいと感じられる方も少なくないのではないかと思います。言い訳がましいことを言うようで恐縮ですが、書籍という媒体では質問をお受けすることができないため、多くの方から質問されそうなことをなるべく先回りして説明するようにしています。したがって、自分に関係なさそうな部分については、適宜読み飛ばしていただければと思います。

このような書籍を世に出してしまうと、競合相手となるコンサルタントにそのノウハウを模倣されてしまうのではないかと思われるかもしれませんが、筆者としてはむしろ著作権など本書に関する知的財産権を侵害しない範囲であれば、どんどん模倣していただきたいとさえ思っています。

総務省統計局が発行している『日本の統計２０２０』によると、平成28年時点での国内企業数は約３８６万社です（https://www.stat.go.jp/data/nihon/pdf/20nihon.pdf　アクセス日：２０２１年4月29日）。これほど多くの日本企業に事業継続マネジメントを普及させていくためには、実践的なノウハウを持つコンサルタントがもっと増えたほうがよいでしょう。

筆者としては、そのくらいの想いで本書を執筆しておりますので、企業で事業継続マネジメントに取り組む皆様におかれましては、ぜひ本書を足がかりとして、御社の事業継続力を維持向上させるための活動を実践していただきたいと思います。

本書は7つの章で構成されていますが、第2章から第7章までで事業継続マネジメントの活動全体を網羅するように執筆しました。これから初めて事業継続マネジメントに取り組まれる方々のために、各章に含まれている項目は、実際に事業継続マネジメントに取り組まれる際に実施される順序を意識して並べてあります。しかしながら、既に取組みを進めておられる方々であれば、必ずしも最初から最後まで順序どおりに通読されずに、目次を見て気になった項目をピックアップして読んでいただいても、役に立てていただけるのではないかと思います。

一方で、第1章には、事業継続マネジメントの活動全体に関わる基本的な考え方をまとめました。こちらに関しては、最初にひととおり目を通されることをおすすめします。多くの日本企業は、これらの考え方を知らないために、事業継続マネジメントへの取組みに躊躇されていたり、取り組み始めてから大変な苦労をされたりしています。したがって、先にこれらを知るだけでも、今後の取組みがかなり楽になると思います。

今本書を読んでくださっている皆様のお立場は、企業の経営者から事業継続や災害対策などのご担当者、コンサルタント、さらには災害や危機管理などに関する研究者の方々など様々かと存じますが、どのようなお立場の方々に対しても、本書を通して何かしら新たな知識やヒントをお伝えでき、日本企業における事業継続マネジメントの普及に少しでも寄与できれば幸いです。

田代　邦幸

２０２１年５月

困難な時代でも企業を存続させる!! 「事業継続マネジメント」実践ガイド　目次

第2章 まず御社の事業継続の基礎固めをしよう

第3章 事業継続における優先順位を整理しよう

第4章　御社の「事業継続上の弱点」を見極めよう

第5章　弱点をカバーする方策を検討しよう

第6章　検討結果を「事業継続計画」（ＢＣＰ）にまとめよう

第7章　演習などを通してＢＣＰを改善しよう

第1章　中小企業にこそ必要な「事業継続」の考え方

1 「事業継続計画（ＢＣＰ）は中小企業には難しい」というのは誤解

これまでのコンサルタントとしての経験の中で、中小企業の方々と事業継続マネジメント（ＢＣＭ）に関するお話をする機会が数多くありましたが、そのような場で「大企業のように人もお金も余裕のない中小企業にとっては、ＢＣＰをつくるのは難しい」という声をよく聞きます。

これには典型的な誤解が３つ含まれていますので、まず最初にこのような誤解を解くことから始めたいと思います。

大企業にはＢＣＰに取り組む余裕がある？

１つ目の誤解は、「大企業にはＢＣＰに取り組む余裕がある」という点です。

確かに、大企業は多数の従業員を抱えていますが、一般的に企業としては収益を生む業務のほうにより多くの人員を投入したいため、総務や人事、経理などのいわゆる間接部門は非常に少ない人数で回している企業が多いものです。そのような状況では、ＢＣＰに関連する業務のために割ける人数も限定的になります。

筆者自身がこれまでにコンサルティングで関わってきた大企業でも、お客様側の担当者は、ほぼ例外なく他の業務のために多忙な中でＢＣＰに取り組んでおられました。これはお金に関しても同様で、ＢＣＰのために十分な予算を確保しておられる企業は、大企業といえども決して多くありません。

実は中小企業のほうが有利なこともある

２つ目の誤解は、「中小企業がＢＣＰをつくることは大企業に比べて難しい」と思われている点です。

実際は全く逆で、ＢＣＰをつくるためのプロセスにおいては、大企業のほうが作業量も多くなりますし、難易度も高くなります。

詳しくは第2章以降で順を追って説明していきますが、ＢＣＰをつくるためには、自社の製品またはサービスの提供が中断した場合の影響度合いを分析・評価したり、事業再開における優先順位を決めたりする必要があります。また、重要な資源に対するリスクアセスメントも必要です。

大企業でこれらを実施する場合、多くの部署から様々な情報を集めて分析したり、意見を聞いたり、場合によっては部門間での調整が必要になったりするため、企業の規模などによっては数か月かかることも珍しくありません。

一方で、事業内容がシンプルな中小企業であれば、経営者を中心に主要なメンバーが集まって議論すれば、非常に短期間でこれらを済ませることができます。筆者自身の経験でも、前述のプロセスを1日で完了できた例が何度もあります。この点においては、むしろ中小企業のほうが有利なのです。

ＢＣＰをつくることが目的ではない

３つ目の誤解は、「ＢＣＰをつくる」ことが目的もしくはゴールと思われている点です。
本当に重要なのは、事業継続マネジメントの活動に継続的に取り組むことであって、ＢＣＰをつくることではありません。この点については次節で詳しく説明します。

2　最初から継続的なマネジメント活動として取り組もう

「ＢＣＰ」と「ＢＣＭ」

ＢＣＰとは、「事業継続計画」の英語表記（Business Continuity Plan）の頭文字をとったものです。事故や災害などによる事業中断が発生した場合に、これに対応してどのように製品やサービスの提供を再開・継続させるかを文書化した計画書をＢＣＰといいます。

ここで何となくお察しいただける方も多いと思いますが、そのような計画書があるだけでは、事故や災害などに対する対応力は高まりません。まずＢＣＰをつくる前に、社内外の状況を把握・分析した上で自社の弱点を把握し、それらを踏まえて合理的な戦略を検討する必要があります。また、ＢＣＰに書かれていることが実行可能かどうかを確認・検証する作業や、ＢＣＰの実行に関する教

【図表１　ＢＣＭライフサイクル】

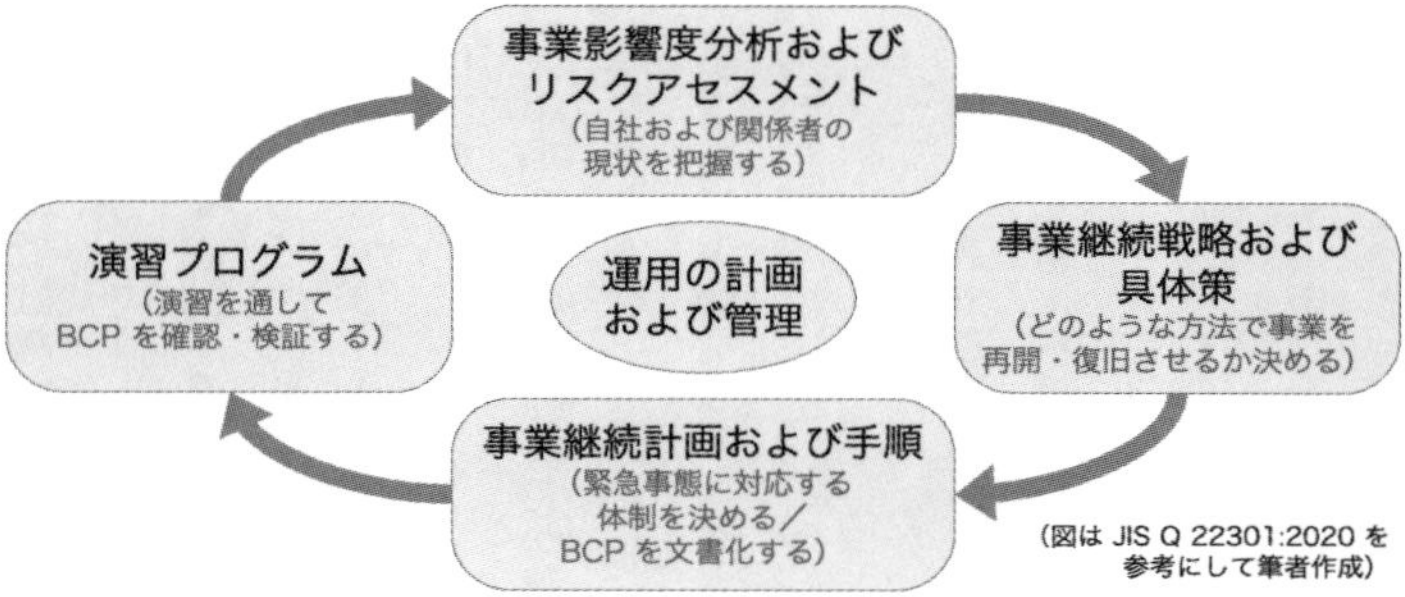

（図は JIS Q 22301:2020 を参考にして筆者作成）

育訓練なども必要になります。

このような活動全体の総称が、本書のタイトルにもなっている「事業継続マネジメント」です。これは、英語表記（Business Continuity Management）の頭文字をとってＢＣＭと呼ばれています。

ＢＣＰはＢＣＭの成果の１つにすぎない

一般的に、ＢＣＭの活動は図表1のように整理されており、このような活動を時計回りに継続していく中で、事故や災害への対応力を段階的に高め、維持していきます。

この中でＢＣＰは、図表1の下側の「事業継続計画および手順」という段階で作成されますが、ＢＣＰもやはり継続的なＢＣＭの活動の中で改善されていきます。

ところで、読者の皆様の中には、本書を読まれる前から、「事業継続計画」または「ＢＣＰ」という言葉をご存知だった方も多いと思いますが、そのような方々でも、「事業継続マネジメント」または「ＢＣＭ」という言葉に聞き馴染みのあった方は比較的少ないのではないでしょうか。

どういう訳か、日本では特にＢＣＰばかりが注目される傾向があり、まずＢＣＰをつくってから、ＢＣＰに基づく訓練やＢＣＰの見直し・改善に取り組むという考え方が一般的です。しかしながら、まずＢＣＭとしての活動に取り組み、その活動の結果としてＢＣＰができるというのが本来の考え方であり、なおかつ理にかなっています。ＢＣＰを作成することばかりが重視されるのは、筆者の知る限り日本だけです。

特に、中小企業の皆様におかれましては、「とりあえずＢＣＰをつくろう」と考えるよりも、以上のような考え方をご理解いただいた上で、最初からＢＣＭの活動に継続的に取り組むことを考えていただきたいと思います。それは、後述する理由から、そのほうが合理的であり、かつ難易度も低くなるからです。

無理のないペースでＢＣＭに取り組み始めることが大事

最初からＢＣＭに継続的に取り組むという前提で始めれば、最初につくったＢＣＰのできが悪くても、割り切って先に進みやすくなります。初版のＢＣＰに足りない部分は、ＢＣＭのサイクルを2周、3周と回していく間に改善していければよいからです。

誤解を恐れずに申し上げれば、立派なＢＣＰをつくるよりも、まずＢＣＭのサイクルを1周して、これらの活動をひととおり経験することのほうが重要です。

ところが、このような考え方を持たずに、「まずＢＣＰをつくろう」とする場合、最初からある程度のレベルのＢＣＰをつくらねばならないと思いがちです。その結果、最初のＢＣＰができる前に途中で挫折してしまったり、できたとしても多大な時間を要して息切れしてしまったりして、その後の演習や改善などに手が回らなくなるということが（大企業においても）少なくありません。筆者は、残念ながら、そういう例を数多く見てきました。

あえて極論を申し上げれば、立派なＢＣＰができていながら、演習などを1度も実施していない企業と、ＢＣＰは貧弱だがＢＣＭの活動を2周、3周と積み重ねてきた企業とであれば、後者のほうが事故や災害に対して高い対応力が期待できます。

このような考え方のもと、いきなり立派なＢＣＰをつくろうと考えずに、いかに無理なくＢＣＭの活動を継続させるかを最初から考え、その中で対応力を徐々に高めていっていただきたいと思います。

ＢＣＭの担当部署を決める

企業においてＢＣＭを継続的なマネジメント活動として実施するためには、最初にＢＣＭの担当部署を決める必要があります。

では、どの部署がＢＣＭを担当すべきなのでしょうか。

日本では、地震や風水害などの自然現象による災害が多発するということもあって、ほとんどの企業で防災を担当する部署か担当者が決まっていると思います。中には、「名前だけ」、「形だけ」という企業もあるかもしれませんが、たとえ形式的であったとしても、企業に「防災担当」が必要であることは広く認識されているのではないでしょうか。そして、多くの企業において総務部門が防災を担当しています。

ところが、BCMは、防災に比べて新しい概念ですので、まだそこまで認識が広まっておらず、どの部署がBCMを担当すべきかという問題に関して、定まった共通認識はありません。したがって、企業が初めてBCMに取り組み始めるとき、複数の部署の間でどちらが担当するか、お互いに押しつけ合いになることも珍しくありません。

日本企業における実態としては、BCMが防災の延長線上にあると認識されることが多いからか、防災とBCMとの両方を総務部門で担当されることが多いようです。しかしながら、23ページであらためて説明しますが、BCMは「製品やサービスの提供」を中心に考えていくため、経営企画部門や事業部門にBCMを担当させている企業もあります。また、ITへの依存度が高い企業であれば、情報システム部門が中心となってBCMに取り組まれる場合もあります。大企業では、独立したBCM担当部署を設ける場合もありますし、逆に、中小企業では、社長自ら取り組まれることもあります。

この問題に関して正解はありません。最も大事なのは、とにかく最初に担当部署を決めることです。担当部署を決めてBCMの活動を始めてみて、もし何か不都合があったら後から変えればいいのです。

次に大事なのは、経営層がこれを承認してサポートし、ＢＣＭの活動の状況やその成果に対して、経営層が主体的に関与することです。ＢＣＭに経営層が主体的に関与することの重要性については、第３章であらためて説明します。

最悪なのは、担当部署を明確に決めずに始めることです。筆者が聞き及んだ範囲でも、ＢＣＭの担当部署が決まっていないのに、半ばコンサルタントに丸投げするような形でＢＣＰがつくられたという事例がありました。

その後、ＢＣＰが出来上がって納品されたにもかかわらず、それを引き取る部署が決まらず、しまいには発注時の担当者が全く別の部署に異動してしまったために、せっかくつくられたＢＣＰが活用されることはなかったそうです。

このような事態を避けるためにも、まず最初にＢＣＭの担当部署を決めてください。

３　ＢＣＰをつくることには極力手間をかけずに済ませよう

前節でＢＣＭに継続的に取り組むことの重要性について述べましたが、もちろんＢＣＰが不要という意味ではありません。

事故や災害などが発生した際の行動をわかりやすくしておくために、ＢＣＰを文書化しておくことは重要です。また、ＢＣＭにおける検討結果がＢＣＰという形になっていないと、演習や教育訓練などの活動がやりにくくなりますし、改善すべき部分もわかりにくくなります。

しかしながら、ＢＣＰをつくる作業そのものは、できるだけ少なく済ませ、他の活動により多くの時間を割いたほうが合理的です。ＢＣＰに最低限含むべき内容については、第６章で詳しく説明しますが、これらを網羅した簡潔なＢＣＰをできるだけ手間をかけずに作成し、経営層の承認をもらいましょう。

また、経営層の皆様におかれましては、部下から上がってきたＢＣＰ文案が当初期待していたレベルに達していなかったとしても、今後の改善に期待して、まずは承認していただきたいと思います。もちろん、期待と現状のギャップや、それらを今後どのように改善していくのか、などといった確認や議論は必要です。

また、読者の皆様の中には、顧客から「御社のＢＣＰを見せてください」と要求されることを想定して、ＢＣＰの体裁を整える必要があるとお考えの方もいらっしゃるかもしれません。しかしながら、ＢＣＰは高度な企業秘密を含むはずですので、たとえ顧客から要求されたとしても、ＢＣＰそのものは開示すべきではありません。

顧客に対する説明の仕方については、36ページで具体的に説明していきますが、ＢＣＰとは別に御社のＢＣＭに関する説明資料を作成し、そちらの資料の体裁を整えるようにしたほうが合理的です。

4 「防災」とＢＣＭとの関係を整理しておこう

ＢＣＭに取り組む際は防災とは異なる考え方やアプローチが必要

読者の皆様の中には、企業などで防災（もしくは災害対策）とＢＣＭの両方を担当されている方も少なくないでしょう。これまでの筆者のコンサルティングの経験においても、お客様側のご担当者の多くは、これらの両方を担当されていたと思います。そのような事情もあってか、防災とＢＣＭとが混同される場面が少なくありません。

もちろん、地震や豪雨などの自然現象による災害が頻発している日本においては、このような災害に起因する事業中断に備えることは絶対条件ですので、防災とＢＣＭを切り離して考えることはできません。

しかしながら、ＢＣＭに取り組む際には、防災とは異なる考え方やアプローチが必要になりますので、今のうちに防災とＢＣＭとの関係を整理しておきたいと思います。

ＢＣＭでは「製品やサービスの提供」を中心に考える

まず最初に、言葉の意味をあらためて確認しておきたいと思います。

一般的に「防災」とは、災害による被害を防ぐための取組み全般を指す言葉です。近年は、巨大災害による被害を完全に防ぐことはできないという認識から、「減災」という言葉が使われることもありますが、基本的にはこれも防災と同じ意味だと考えて差支えありません。

災害によって企業に発生する「被害」には、死者や負傷者といった人的被害や、建物や設備、商品、資材などの損壊といった様々な物的被害などが含まれます。

これに対してBCMは、企業が事故や災害などに直面して事業活動が中断されてしまった際に、製品やサービスの提供を再開・継続するための能力を、必要なレベルに維持向上させるための活動を指します。

これらの間で最も大きな違いは、BCMが企業の「製品やサービスの提供」に関する取組みであるという点です。前に述べたBCPの説明（16ページ）にも、「製品やサービスの提供」という言葉が含まれていたことを思い出していただければと思います。

ここで「製品やサービス」とは、対価の有無を問わず、顧客などに対して何らかの価値を提供するものの総称です。製造業や小売業が販売する有形の商品や、金融業や旅館業などが提供する無形のサービス、市役所が住民に対して無償で提供する行政サービスなどが広く含まれます。

世間では、製品やサービスの提供に関することが全く書かれていない災害対応計画のような文書に対して、「BCP」とか「事業継続計画」などというタイトルがつけられている例も少なくありませんが、これらは正しくありません。製品やサービスの提供に関する記述がない文書を「BCP」や「事業継続計画」などと呼ぶべきではありません。

事業中断による影響は長引くほど深刻になっていく

もし仮に、ある企業の工場での生産活動が1か月止まったとすると、本来得られるはずだった1か月分の売上が得られなくなります。これは、災害発生直後だけでなく、事業活動が中断する期間の長さに応じて継続的に発生する被害といえます。

事業中断による被害は、売上だけではありません。工場からの出荷が遅れることによって顧客に迷惑がかかり、取引上の信頼関係が損なわれることもあります。場合によっては、顧客が競合他社に乗り換えることにもなりかねません。また、事業中断が長期化した結果、企業のイメージダウンに繋がる可能性もあります。

このような被害は、事業中断が長引くほど深刻になっていきますので、ＢＣＭにおいては事業中断をいかに短くするか、悪影響をいかに小さく抑えるかを考えていきます。

防災は義務、ＢＣＭは企業自らの意思で取り組む

すべての企業は、従業員の安全を確保する責任を負っています（法律用語では「安全配慮義務」といいます）。したがって、地震や豪雨などの自然現象や、火災や爆発などといったリスクから従業員を守るために、必要な措置を講じなければなりません。

これは、必ずしも「あらゆる災害に対して従業員の安全を１００％保証しなければならない」ということではありませんが、すべての企業は従業員の命を守るために一定程度の防災に取り組まなければならないことを意味します。

一方で、ＢＣＭにおいては、どのくらいのレベルの対策が必要かは各企業が自ら決めるのが原則です。極論と思われるかもしれませんが、「ＢＣＭに取り組まない」という判断さえあり得ます。具体的には、第2章以降で順に説明していきますが、前に述べたような様々な被害（売上、取引上の信頼関係、顧客の喪失、企業のイメージなど）が発生する可能性や影響の大きさなどを考慮して、事業継続の観点でどのくらいのレベルの対策が必要かを見極めていきます。このような見極めが、ＢＣＭに要領よく取り組んでいけるかどうかを大きく左右します。

ＢＣＭでは経営層の主体的な関与が必要

ＢＣＭでは、経営層の主体的な関与が絶対に必要です。

もちろん、防災に関しても最終的には経営層が責任を持って取り組んでいく必要がありますが、防災とＢＣＭとでは経営層に求められる役割が大きく異なります。

前に述べたとおり、すべての企業には、従業員の安全を確保するために防災に取り組む義務があります。また、従業員の安全を確保することだけを考えれば、防災にかける予算は多いに越したことはありません。

実際には利益の確保との兼ね合いで予算枠が決まりますが、経営層は、防災のための予算の確保に対して最終的な責任を負い、かつすべての従業員が防災活動に積極的に取り組むようにリーダーシップを示し、さらに実際に災害が発生した場合は災害対応における指揮統制という重要な役割を担うことになります。

これらは、ＢＣＭにおいても同様ですが、ＢＣＭではこれらに加えて経営層でなければ判断できない重要な選択を迫られる場面が度々発生します。

例えば、ある企業で、工場の生産能力などの制約から、顧客Ａと顧客Ｂ（いずれも重要顧客）の両方に対して同じように納品することができなくなるとします。このような場合、「顧客Ａへの納品を優先するために顧客Ｂへの納品を一定期間止める」というような判断が必要になるかも知れません。

顧客Ａのためにはこのような判断が必要だとしても、結果的にはもう1つの重要顧客Ｂに多大な迷惑をかけることになります。場合によっては、これが原因で顧客Ｂとの取引が終わってしまうかもしれません。このような重大な結果を招きかねない判断を生産部門や営業部門に任せることはできないでしょう。

具体的には、第3章から第5章で詳しく説明しますが、ＢＣＭではこのように会社全体としての利益、もしくは会社の存続のために、部分的な（しかも重大な）不利益を受け入れるような判断が求められることがあります。

このような判断を経営層が適切に行い、その結果に対して経営層が責任を負わなければならないため、ＢＣＭには経営層が主体的に関与する必要があるのです。

5　必ずしも「できるだけ早く復旧させる」ことがＢＣＭの目的ではない

より早く復旧させるにはより多くのお金がかかる

事故や災害で事業活動が中断されてしまった場合、「1日でも早く復旧させたい」と誰もが考えると思います。読者の皆様も、御社の事業活動が中断された状況（例えば、製造業であれば工場で製品をつくれなくなった状況など）を想像してみてください。

事業中断が1週間、2週間と続いた場合に、損害や各方面への悪影響がどれだけ大きくなるかを考えると、少しでも早く事業活動を元通りに再開させたいと思わずにはいられないでしょう。

しかしながら、事業活動をより早く再開させようと思ったら、それなりのお金が必要になります。例えば、工場が大規模な地震や火災などで致命的な被害を被った場合でも、「1日で」製品の生産を再開させたいとしたら、どのような準備が必要になるでしょうか。同じような設備を有する工場をもう1か所建設しておかないと無理かもしれません。もちろん、そのためには膨大な設備投資が必要になります。

ところが、もし「1か月以内で」、「3か月以内で」、「半年以内で」再開させたいという条件だったらどうでしょうか。

御社ならどのような方法で実現できそうか、想像してみてください。「1日で」再開させるための準備に比べたら、より少ない投資で済むのではないでしょうか。

ＢＣＭの目的は投資対効果のバランスを最適に保つこと

一般論として、より早く事業を再開・復旧させようと思ったら、事前の投資や事後の費用により多くのお金が必要になりますが、もし事業継続のための投資にお金をかけすぎて、災害が発生する前に経営状況が悪化してしまっては本末転倒です。

したがって、ＢＣＭにおいては、どのくらいの期間で事業を再開・復旧させるのが自社にとってちょうどよいかを見極めていくことが重要です。

もし仮に、１か月以内に事業を再開できれば十分だという会社があれば、１週間で再開できるような対策方法はその会社には過剰です。ＢＣＭの目的は、自社にとって必要な事業継続を、お金をかけ過ぎずに実現できるよう、事業継続に関する投資対効果のバランスを最適に保つことなのです。

これは国際的に受け入れられている考え方

ちなみに、前述のような考え方は国際的に合意され、受け入れられているものです。

「ＩＳＯ２２３０１」という国際規格をご存知でしょうか。

これは、ＢＣＭに関する用語や概念、方法論などについて、世界中からＢＣＭのエキスパートが集まって議論を重ね、彼らの持つノウハウや経験を反映させて作られたもので、世界各国で広く活用されています。

この中で「事業継続」という用語は、次のように定義されています。

> **事業継続**（business continuity）
> 事業の中断・阻害を受けている間に、あらかじめ定められた範囲で、許容できる時間枠内に、製品及びサービスを提供し続ける組織の実現能力（出所：日本規格協会『JIS Q 22301:2020（ISO 22301:2019）セキュリティ及びレジリエンス — 事業継続マネジメントシステム — 要求事項』／傍線は筆者）

これをご覧いただければわかるとおり、「できるだけ早く」とは書かれていません。「あらかじめ定められた範囲で、許容できる時間枠内に」再開できるための能力だと定義されています。

そして、この範囲をどのように定めるか、自社にとって許容できる時間枠というのがどのくらいなのかを見極めた上で、事業継続のための能力が自社にとって最適な状態になるようマネジメントすることが、「事業継続マネジメント」ということになります。

ここでいう「範囲」や「許容できる時間枠」をどのように見極めるかは、第2章以降で詳しく説明していきますが、今のところは「闇雲に早く再開・復旧させるのがよいとは限らない」ということを覚えておいてください。

6　御社における災害のリスクを総合的に把握しておこう

自社がどのような災害に被災する可能性があるかをつかむ

事業中断が発生する原因は様々ですが、地震や豪雨などをはじめとする様々な事象による災害に対して備えが必要だということについては、恐らく議論の余地がないでしょう。したがって、ＢＣＭに取り組み始める際に、御社がどのような災害に被災する可能性があるか、大雑把で結構ですので総合的に把握しておくことをおすすめします。

ここで大事なのは、御社の事業所がどのような災害に被災する可能性があるか、その全体像をつかむことです。災害の被害想定や災害が発生するメカニズムなどを詳細に調べる必要はありません。御社の事業所が被災する可能性のある災害の全体像を把握するために最低限調べるべき資料は、次の２種類です。いずれも自治体のＷｅｂサイトなどから無償で入手できます。

- 「地域防災計画」に記載されている被害想定
- 地元自治体が作成し、公表している災害ハザードマップ

地域防災計画

地域防災計画は、法律に基づいてすべての都道府県で作成されているほか、主に大規模なところ

を中心に市町村でも作成され、自治体のＷｅｂサイトで公開されています。

これは、それぞれの地域で発生することが想定されている主な災害に対して、自治体としてどのように対応するかが検討され、計画書としてまとめられているものです。

多くの自治体では、災害をもたらす要因別に、「地震編」、「風水害編」などといった形で分けられています。対象は自然現象に限らず、特に原子力発電所や石油コンビナートなどがある自治体では、「原子力災害対策計画」や「石油コンビナート等防災計画」などが含まれていることもあります。

なお、これらは、数百ページに及ぶ分厚い計画書ですので、すべてを読む必要はありません。ＢＣＭに取り組まれる皆様が特に読むべきなのは、これらに記載されている被害想定です。

どこの自治体の地域防災計画であっても、大体、序盤のほうに「被害想定」または「災害想定」というような名前がついた部分があります。ここには、その地域でどの程度の規模の災害が発生するかが、様々な調査やシミュレーションなどの結果に基づいて記載されています。

これらの被害想定から次のような情報を読み取れれば、もし災害が発生した場合に御社の事業所周辺がどのような状況になりそうか、大雑把に把握することができます。

・地震が発生した場合の事業所周辺の震度や液状化の可能性
・津波が来る可能性が高いかどうか
・事業所周辺が、洪水が発生した場合の浸水想定区域に含まれているかどうか（含まれているのであれば、浸水の深さがどのくらいになりそうか）

災害ハザードマップ

災害ハザードマップとは、地震や風水害などによる被害がどのくらいの地域まで広がり得るかが、地図上に色分けで示されたものです。主に自治体によって作成され、Ｗｅｂサイトなどで配布されています。

どのような種類のハザードマップが作成されているかは地域によって異なります。国土交通省が運営している「ハザードマップポータルサイト」(https://disaportal.gsi.go.jp/) には、全国の市区町村が公開しているハザードマップへのリンクが集められているので便利です。

ただし、最近作成されたものに関してはリンクされていない可能性もあるので、もし「ハザードマップポータルサイト」を探しても見つからなかったら、自治体のＷｅｂサイトに掲載されていないかどうか、念のため確認してみてください。

被害想定や災害ハザードマップを使う際の注意

地域防災計画に掲載されている被害想定や災害ハザードマップは、あくまでも一定の前提条件に基づいてシミュレーションされた計算結果です。したがって、これらに書かれているとおりの災害が発生するとは限りません。想定よりも軽い被害で済むこともありますし、想定をはるかに超える被害が発生することもあります。むしろズバリ的中したら奇跡と言っていいでしょう。

したがって、利用する側としては、必ずしもこれらに書かれたとおりにならないという前提で使

【図表２　洪水ハザードマップの作成条件の例】

相模川・境川・鳩川・道保川流域の浸水想定区域
（想定最大規模の降雨による浸水）

相模川・境川・鳩川・道保川流域で、想定し得る最大規模の降雨（下記に示す）により、各河川が氾濫した場合に想定される浸水の状況を表示しています。
相模川降雨：48 時間 567mm（神奈川県　平成 29 年 3 月 31 日公表）
境川降雨：24 時間 632mm
（神奈川県　平成 30 年 1 月 29 日公表、東京都　平成 30 年 6 月 28 日公表）
鳩川・道保川降雨：24 時間 333mm「鳩川上流・道保川」
：24 時間 326mm「鳩川下流」
（神奈川県　平成 30 年 12 月 21 日公表）

出所：相模原市洪水ハザードマップ p.3 より抜粋
（https://www.city.sagamihara.kanagawa.jp/_res/projects/default_project/_page_/001/008/692/202002/01_s.pdf）（アクセス日：2021 年 2 月 26 日）

う必要があります。実際の災害が想定どおりにならない原因には、大きく分けて次の2つがあります。

① 誤差
② 前提条件が変わること

まず、シミュレーションの結果には必ず誤差があります。したがって、洪水や津波、高潮などのハザードマップで示されている浸水範囲については、図示されている範囲よりも若干広がる可能性や、浸水の深さがより深くなる可能性を含めて考えるべきです。

また、シミュレーションを実施する際には、必ず前提条件が設定され、ハザードマップにも図表2のようにその条件が記載されていますが、実際の気象現象がその前提条件を上回る可能性があることにも留意すべきです。

もし、ここに書かれている降雨量を超えるような雨が降れば、当然ながらハザードマップで示されている範囲よりも浸水が広がる可能性があります。

特に近年は、気候温暖化の影響などから、時間当たり降雨量が増加傾向にあり、大雨に伴う災害が頻発しています。一方で、災害ハザードマップは、あまり頻繁に更新されませんので、もしハザードマップが古い場合は、近年見られるような規模の大雨が考慮されていない可能性もあります。この場合は特に注意が必要です。

災害ハザードマップが作成されていない地域は？

もし、御社の事業所周辺の災害ハザードマップが作成されていない場合は、２通りの理由が考えられます。

１つ目の可能性は、その地域で災害が発生する可能性が少ないということです。当然ながら、内陸部の自治体で津波ハザードマップは作成されませんし、河川から遠い地域は洪水ハザードマップに含まれないことが多いです。

もう1つの可能性として、本来は作成されるべきハザードマップがまだ作成されていないという場合もあります。特に、「土砂災害警戒区域」については、区域を指定する手続に時間がかかるため、土砂災害ハザードマップが作成されている自治体であっても、「土砂災害警戒区域」として記載されるべき場所がすべて記載されていない場合があります。

ちなみに、前述の「ハザードマップポータルサイト」から利用できる「重ねるハザードマップ」では、「土砂災害警戒区域」に加えて「土砂災害危険箇所」が確認できます。似たような名称なので紛らわしいのですが、「土砂災害危険箇所」のほうが、土砂災害が発生する可能性のある場所がより網羅的に示されています。特に、山間部や急傾斜地の近くに事業所がある場合は、「土砂災害危険箇所」も併せて確認されることをおすすめします。

7　事業継続のための活動を普段の商売に活かそう

ＢＣＭは掛捨ての保険？

ＢＣＭは、「掛捨ての保険」にたとえられることがあります。これは、ＢＣＭはあくまでも万が一のときに備えるための活動であって、事故や災害などが発生しない限り、これらの活動に費やした労力や費用は役に立たないという考え方によるものです。そのような認識のもとでは、ＢＣＭに取り組み続けるのは難しいのではないかと思います。

ところが、ＢＣＭの成果を普段の商売に活かす方法があります。主な方法を以下に説明しますので、事故や災害などが発生しなくても価値を生み出すＢＣＭを目指していただきたいと思います。

御社のセールスポイントとしてアピールする

もし、御社が主に企業を相手に取引をしている、いわゆるＢ to Ｂのビジネス形態であれば、御社におけるＢＣＭの取組み状況を顧客（および見込客）にうまく説明できれば、これが御社のセールスポイントになる可能性があります。

特に最近は、災害が頻発していることもあって、災害によってサプライヤーや業務委託先で事業中断が発生することを多くの企業が懸念しています。

ＭＳ＆ＡＤインターリスク総研が国内上場企業を対象として実施したアンケート調査『第８回事業継続マネジメント（ＢＣＭ）に関する日本企業の実態調査 報告書』(https://www.irric.co.jp/pdf/reason/research/bcm/bcm_8.pdf アクセス日：２０２１年2月4日）によると、回答した企業の約９割が「サプライヤーがＢＣＰを持つことは必要」だと回答しています。また、回答した企業の約半数、製造業に限ると８割近くが、顧客から災害対策・ＢＣＰ整備に関連して何らかの要請をされたと回答しています。

したがって、特にＢtoＢの企業では、ＢＣＭに取り組んでいることが競合他社との間で差別化要因になる可能性があります。

もしかしたら読者の皆様の中には、「当社のＢＣＭはまだまだレベルが低いから…」と躊躇する方がおられるかもしれません。しかし、完璧なＢＣＭを実現できている企業などまずありません。逆に、ＢＣＭに取り組み始めた企業すら少ない現状においては、取り組み始めただけでもアドバンテージになる可能性さえあります。

たとえＢＣＰがまだ作成されていないとしても、「当社では社長を責任者として組織的にＢＣＭに取り組んでいます」というような説明ができて、今後のロードマップを示すことができれば、顧客にとっては好印象です。

ぜひ営業部門や広報部門などとも協力して、御社におけるＢＣＭへの取組みを、売上アップや既存顧客との関係向上に役立ててください。売上に繋がる可能性が期待できれば、これらの部署からの協力も得られやすいのではないかと思います。

もちろん、その後の活動が続かなければ、逆にかなり印象が悪くなるリスクもありますので、頑張って活動を続けていただきたいと思います。

国際規格のネームバリューを利用する

顧客に対してＢＣＭの取り組み状況を説明する際に、国際規格のネームバリューを利用することも一案です。これは、特に海外の企業と取引がある企業にとっては有効な方法です。

既に29ページで述べたように、ＢＣＭに関しては「ＩＳＯ２２３０１」という国際規格が制定され、世界各国で広く活用されています。日本ではこれが和訳されて、日本産業規格「ＪＩＳＱ２２３０１」となっています（日本規格協会のＷｅｂサイト・https://webdesk.jsa.or.jp/で、３，０００円程度で購入できます）。

そこで、国際規格に書かれている基本的な部分を自社のＢＣＭに採り入れ、社外に対して「当社は国際規格ＩＳＯ２２３０１に基づいてＢＣＭに取り組んでいます」と説明することができれば、ＢＣＭに関して決して場当たり的ではなく、組織的かつ計画的に取り組んでいるという印象を持ってもらえます。

しかしながら、規格に書かれている要求事項をすべて実施するのは大変です。そこで、まずは次に説明する２つのポイントを押さえることをおすすめします。

１つ目は、用語の定義です。残念ながら日本では、「事業継続計画」、「訓練」、「演習」などといった基本的な用語に関しても、多様な定義が入り乱れているのが現状ですので、まず規格に記載されている用語の定義を確認し、正しい用語を使うようにしてください。

２つ目は、活動全体の枠組みです。規格ではＢＣＭに必要な活動の全体像（17ページの図表１）が説明されています。これら全体をどのくらいのスケジュールで進めていくのか、大枠で構わないので計画をつくり、経営層の承認を得て進めてください。

これら２つができていれば、社外に対して「当社は国際規格に基づいてＢＣＭに取り組んでいる」と胸を張って言うことができます。ただし、この場合、「規格に準拠している」または「規格に適合している」という表現を使うことはできません。特に、「適合」といった表現を使うためには、外部機関による審査が必要となります。

なお、本書では、このような観点も考慮して、用語の定義やＢＣＭの進め方、方法論などの説明をＩＳＯ２２３０１に合わせてあります。したがって、本書に従ってＢＣＭに取り組んでいただければ、結果的に「国際規格に基づいてＢＣＭに取り組んでいる」と言えるようになります。

さらに、この規格に書かれている要求事項をすべて満たしていることを外部の審査機関に確認してもらい、認証を取得できるという制度がありますが、これは少々ハードルが高いと思います。したがって、認証を取得するかどうかはＢＣＭの活動がある程度軌道に乗った後に検討されるとよいと思います。

業務プロセスの効率アップに役立てる

ＢＣＭに欠かせない作業の1つとして「事業影響度分析」があります。具体的には第3章、第4章で説明しますが、事業影響度分析においては、社内の業務プロセスや資源の状況を調べていきます。ここで思わぬ副産物として、日常業務において改善すべき課題が見つかることがあります。

かつて筆者が担当させていただいた大手サービス業のお客様で、事業影響度分析のためのヒアリングを実施したときに、不思議な帳票が見つかったことがありました。複数の部署から業務プロセスのフローチャートを見せてもらい、前工程の部署と後工程の部署とのつながりを確認していたのですが、前工程で作成された帳票のうち、後工程で使われていないものが1つ見つかったのです。

最初は、お客様も半信半疑だったのですが、よくよく調べてみると、後工程の業務改善で手続が変わったという情報が前工程の部署に伝わっていなかったことがわかりました。試しに前工程の部署でその帳票の作成を止めて1か月様子を見てみたのですが、業務に全く支障がないことが確認できたため、その帳票は正式に廃止されました。

事業影響度分析では、業務プロセスの最初から最後まで通して確認していきますので、日常業務の中では見落とされているような問題やムダが見つかる場合があります。このような成果が得られる可能性もあることを含めて、経営層や各部署の方々に説明していただくと、協力を得られやすくなるのではないでしょうか。

損害保険の見直しにつなげる

多くの企業で建物の火災保険などの損害保険を契約されていると思いますが、御社にとって現在の契約内容は十分でしょうか。また、逆に、必要以上に手厚く保険を掛け過ぎているものはありませんか。

これまで保険会社や保険代理店から様々な損害保険をすすめられたと思いますが、残念ながら御社にとって必要な保険と、保険会社が売りたい保険とが常に一致しているとは限りません。

事業影響度分析の中で、製品やサービスの優先順位や資源の状況などを調べていくと、事業継続という観点から考えて必要な損害保険と現在の契約内容とのギャップが見えてくることがあります。

もし、そのようなギャップが見つかった場合は、それをもとに保険会社や保険代理店と相談することをおすすめします。結果として、従来の保険で不十分だった部分がカバーされるようになったり、過剰に掛け過ぎていた部分を減らして保険料の支払額を削減できる可能性があります。

企業によっては、ＢＣＭと損害保険とでは担当部署が別かもしれませんが、その場合でも部署間で協力し合って、ＢＣＭと損害保険との相乗効果を発揮できるような取組みを目指してください。

8　非営利組織はどのように事業継続に取り組むべきか

本書は、主に企業を対象としていますが、読者の皆様の中には政府や自治体などの公的組織やＮＧＯなどといった、非営利組織の方々もおられるかと思います。そこで、非営利組織におけるＢＣＭについても触れておきたいと思います。

結論から申し上げると、ＢＣＭの基本的な考え方や方法論は、非営利組織に対しても同じです。ただし、次項で説明するとおり、営利企業と非営利組織との間で事情が異なる部分が2点ありますので、これらに留意すべきかと思います。

営利企業のＢＣＭと非営利組織のＢＣＭとの違い

１つ目の違いは、お金に関することです。営利企業と非営利組織とでは、収益や資金繰りなどの構造が大きく異なります。特に公的組織であれば、倒産の心配がありません。

２つ目の違いは、これは非営利組織の中でも特に自治体や政府機関などの公的組織に関して言えることですが、大規模な災害が発生したときに、自組織の事業継続だけでなく、災害対応のための業務が発生するということです。

特に自治体においては、自組織が被災して通常どおりに業務を遂行できないような状況の下で、地域防災計画に規定されている大量の災害対応業務を遂行しなければなりません。その事情を踏まえて、内閣府（防災担当）から地方自治体向けにＢＣＭに関する手引や参考資料などが多数発表されています。詳しくは内閣府（防災担当）のＷｅｂサイト（http://www.bousai.go.jp/）をご確認ください。

ＢＣＭは非営利組織にも通用する方法論

ＢＣＭの「Ｂ」は「ビジネス」の頭文字であり、「ビジネス＝営利目的の活動」という認識から、ＢＣＭは営利企業のためのものだと思われる方も多いのではないかと思います。ちなみに、内閣府（防災担当）から発行されている地方自治体向けの手引などでは、対象が非営利組織であることを考慮して、「事業継続」の代わりに「業務継続」という表現が用いられています。

一方で、筆者の知る限り、外国では非営利組織に対してもＢＣＭという用語がそのまま使われています。これまで、英国など英語圏における消防や自治体、議会などの事業継続に関する多数の事例を文書やプレゼンテーションなどで見てきましたが、いずれも非営利組織でありながらBusiness Continuity と表現されていました。

前述の国際規格「ＩＳＯ２２３０１」も、非営利組織が対象に含まれることが明示されています。このような状況を見ても、ＢＣＭの考え方や方法論が非営利組織に対しても適用できることに疑いの余地はありません。

したがって、本書で「企業」、「自社」などと書かれている部分を「組織」、「自組織」などと読み替えていただき、前に述べた2つの違いに留意していただければ、本書の内容は非営利組織の皆様にとっても参考になるはずです。

9　他者の力も借りて合理的な事業継続を実現しよう

倒産リスクの高い中小企業のＢＣＭ戦略

頻発する大規模災害の例を見るごとに、もし自社があのような災害で被災したら企業の存続にかかわるのではないかと懸念されている方も少なくないでしょう。

特に、中小企業の皆様におかれましては、災害で倒産・廃業に追い込まれるリスクを切実に感じておられることかと思います。

本章の冒頭のほうで、事業継続に関しては「実は中小企業のほうが有利なこともある」というようなことを申し上げましたが、その一方で、過去に発生した大規模災害の影響で倒産した企業の大半は中小企業だったという現実もあります。多くの人的資源を抱えており、財務基盤もしっかりしている大企業に比べれば、一般的には中小企業のほうが倒産リスクがより高いと考えられます。

このような厳しい現実を踏まえつつ、それでも諦めずに大規模災害から生き残る可能性を見出すために、いかにうまく他者の力を借りて事業継続を実現するかという観点も、ＢＣＭにおける有効な戦略として考えていただきたいと思います。

他の企業が持つ資源を活用する

売上収入が途絶えて資金が回らなくなれば、最終的には倒産に追い込まれます。資金繰りに関しては、損害保険や融資などといった財務的な対策も必要ですが、ＢＣＭの観点からは、いかに事業活動を再開させて売上を生み出すかを考える必要があります。

災害によって事業中断が発生してしまうのは、事業活動に必要な「資源」が、破損や流失などによって使えなくなるからです。ここでいう「資源」には、事業活動のために必要な従業員（人的資源）、設備や装置、建物、原材料や部品、商品在庫などが含まれます。

そして、ＢＣＭにおいて考えることを大雑把にまとめると、災害などで使えなくなってしまった資源の代わりをどうやって用意するかということに尽きます。このあたりについて詳しくは、第４章であらためて説明します。

これが特に中小企業だと、もともと最小限の資源しか保有しておらず、代わりの資源を用意することが難しい場合が多いので、事業活動を再開することが難しく、結果的に倒産に至ることが多いということです。

そこで、事業中断に陥った後に、いかに他者の資源を利用するかということも含めて考えていただきたいと思います。具体的には、同じような資源を持っている企業の協力を得るということです。

既にこれを実践された事例もあります。２０１１年の東日本大震災では、宮城県の廃棄物リサイクル事業者が津波で被災し、同社唯一の事業所が壊滅的な被害を受けました。同社の主要な事業の

1つは、顧客の工場から廃油を回収し、これを再生して燃料として使える「再生重油」を精製し、販売する事業ですが、精製に必要な設備の大半を津波で失いました。

そこで同社は、廃油精製処理を他県の同業者に一時的に委託することで、部分的ではありますが、被災後1週間で事業再開を果たしました（新建新聞社「リスク対策．ｃｏｍ」Ｗｅｂサイト「津波被害から1週間で事業再開 ―工場壊滅の被害を乗り切る」（https://www.risktaisaku.com/articles/-/99 アクセス日：２０２１年2月28日）。もちろん、業務委託費を支払う必要がありますが、それを上回る価格で再生重油を販売できたため、これは同社にとって被災直後の貴重な収益源となりました。

同社がこのような短期間で業務委託できたのは、委託先の同業者との間で被災前から申合せができていたからです。契約書の締結までには至っていなかったようですが、もしどちらか一方が災害などで被災したらお互いに助け合うことを、災害が発生する前から申し合わせていたそうです。

もし、被災した後に、災害発生後の混乱した状況の中で委託先を探して交渉していたら、このような短期間での事業再開はできなかったでしょう。

競合する企業の協力を得られるか

読者の皆様の中には、災害発生前の平常時からこのような協力関係をつくっておくのは難しいとお感じになった方も多いと思います。自社の業務の一部を委託できるような相手とは、自社と同じような資源やノウハウを持っている企業であり、その多くは競合関係にあると思われるからです。

災害発生後とはいえ、競合他社に業務を委託したら、自社のノウハウを盗まれたり、自社の顧客が横取りされたりするかもしれません。そこで、このようなリスクをできるだけ小さくしながら、被災時に助け合うことができるような関係づくりを実現した例をご紹介します。

神奈川県メッキ工業組合と新潟県鍍金工業組合は、大規模災害時に両組合の企業どうしで代替生産などの相互連携を行う協定を締結しました（中野明安「緊急事態措置と企業の事業継続」『NBL』No. 1169' p.8-12' https://www.shojihomu.co.jp/documents/10452/11653592/NBL1169-008.pdf　アクセス日：２０２１年3月４日）。この例では、被災した企業から一時的に業務を受託する場合の品質保証、品物の所有権の帰属、秘密保持、お互いの取引先への営業活動および受注の禁止などを含む契約書が用意されており、これに基づいて委託側と受託側との間で契約を締結することになっています（「契約文書に込められた想い」『リスク対策．ｃｏｍ』vol. 16　2009/11・p.26-29]）。

また、経済産業省の中部経済産業局が２０１２年に発表した『地域連携ＢＣＰ策定ポイント集工業団地編』には、工業団地など地域内の企業同士が連携して事業継続に取り組まれている事例が多数掲載されています（https://warp.da.ndl.go.jp/info:ndljp/pid/8755630/www.chubu.meti.go.jp/tisin/download/20120213point.pdf　アクセス日：２０２３年1月23日）。

競合他社に助けを請うことに対しては、ためらいを感じられるかも知れませんが、大規模災害から生き残るために、あらゆる可能性を模索していただきたいと思います。

10　どこで手を抜けるか考えながら取り組もう

第2章からは、筆者自身がＢＣＭで用いる考え方や手法の具体的な説明に入りますが、本書の執筆に当たっては、できるだけ多様な読者の皆様にとって役立つ本にするために、できるだけ網羅的に細かく解説するようにしています。これは、読者の皆様の立場から見ると、自分（または自社）にとって不要なことも、それなりに含まれているということです。

したがって、実際にＢＣＭに取り組まれるときには、本書に書かれている個々の作業が自社にとって必要かどうか、そこまで細かくやる必要があるかどうかを考えながら、取捨選択していただきたいと思っています。

しかし一方で、適切に取捨選択できるようになるには、ある程度の経験が必要なのも事実ですので、初めてＢＣＭに取り組まれる方に「取捨選択していただきたい」というのも、われながら勝手な話だと思います。

そこで、まずは、「本書の内容をすべてそのとおりに実施する必要はない」という前提をご理解いただき、必要かどうかわからない部分はとりあえず飛ばして進めるくらいの気持ちで、手を抜きながら進めていただいてもいいと思います。そして、もしうまくいかない部分や、少し深堀りする必要があると思われた部分が見つかったら、その時に少し戻ってみればいいのです。

第2章

まず御社の事業継続の基礎固めをしよう

1　事業継続のための「基礎固め」のために何をすべきか

ＢＣＭのための基礎固めとは

読者の皆様の中には、手っ取り早くＢＣＰをつくってしまいたいと思う方も少なくないと思います。また、インターネットで検索すれば、ＢＣＰの雛形が多数見つかりますので、それらを使えば短時間でＢＣＰをつくれると思われるかも知れません。

しかし、皆様には、敢えてここで一旦立ち止まっていただき、これから事業継続マネジメント（ＢＣＭ）に取り組む上での「基礎固め」をすることをお考えいただきたいと思います。

ここで「基礎固め」には、次の３つが含まれます。

- 御社におけるＢＣＭの目的を決める。
- 御社がＢＣＭで取り扱う範囲を決める。
- 組織的にＢＣＭに取り組む仕組みをつくる。

御社におけるＢＣＭの目的を決める

基礎固めの１つ目は、御社がＢＣＭに取り組む目的を明らかにし、社内で共通認識をつくることです。

企業がＢＣＭに取り組む目的は、業種、顧客との関係、市場におけるポジション、資本関係などによって様々です。もちろん、「事故や災害などによる事業中断から事業を再開・継続させる」という点は同じなのですが、何のために、誰のために事業再開・継続を果たすのかという部分は、各企業の個別事情によって異なります。

例えば、一般消費者向けが中心の食品メーカーであれば、事業中断による収益の減少を少なく抑えることが目的になるかもしれません。一方で、自動車部品メーカーであれば、自社の短期的な収益よりも、顧客（自動車メーカーなど）に対する納品が滞ることによる顧客側での事業中断を防ぐことのほうが重要かもしれません。このように同じ製造業であっても、ＢＣＭに取り組む目的や重点の置き方は様々です。

したがって、御社におけるＢＣＭの目的について、社内でしっかり議論・検討し、経営層も含めて共通認識をつくる必要があります。

具体的には64ページで説明しますが、ＢＣＭに取り組み始める初期の段階でこれが曖昧なままだと、これから行う活動の中で方向性が二転三転したり、経営層や各部署からの協力が得られなくなったりする場合があります。

御社がＢＣＭで取り扱う範囲を決める

２つ目は、御社がＢＣＭで取り扱う範囲を決めることです。これを決めておかないと、効率よく

ＢＣＭを進められなくなります。

第1章で防災とＢＣＭの違いについて説明しましたが、防災は企業が負っている義務ですので、すべての事業所、すべての従業員を対象として取り組む必要があります。

これに対してＢＣＭは、企業自らの意思で取り組むものですので、ＢＣＭで取り扱う範囲を企業自らの判断で設定することができます。

当然ながら、ＢＣＭで取り扱う範囲が狭いほうが、ＢＣＭのためにかかる手間やコストが小さくなります。範囲の決め方について具体的には66ページで説明しますが、前項で説明したＢＣＭの目的を踏まえ、その目的を果たすために必要十分な範囲を決めて、その範囲の内側だけに集中してＢＣＭに取り組むのが効果的です。

また、最初は、本来設定すべき範囲よりも一回り狭く設定してＢＣＭの活動を開始し、活動が軌道に乗ってきてから段階的に範囲を広げていくという方法も有効です。

特に、ＢＣＭに取り組むのが全く初めてであれば、試行錯誤や後戻りが発生することもありますので、まずは小さい範囲で取り組み始めて、御社なりのＢＣＭの進め方やコツが見えてきたところで範囲を拡大していくことをおすすめします。

組織的にＢＣＭに取り組む仕組みをつくる

基礎固めの3つ目は、ＢＣＭに取り組み始める初期のうちに、組織的に取り組む仕組みをつくっておくことです。これができていないと、活動が途中で止まってしまう恐れがあります。

第1章で「最初から継続的なマネジメント活動として取り組みましょう」と説明しましたが、そのためには組織的に取り組む仕組みが必要です。

ここで、「組織的に」とは具体的にどういうことかというと、企業においては少なくとも次の4つが必要なのではないかと思います。

①　ＢＣＭに取り組むことが経営層から承認されている。
②　ＢＣＭの担当部署が決まっている。
③　ＢＣＭに関する計画がつくられている。
④　ＢＣＭのための予算が確保されている。

全く初めての場合は、必要な予算額を見積もるのは難しいかもしれませんが、少なくとも右の①～③は必要です。これらのうち②の担当部署については、19ページで既に述べたとおりです。そして、担当部署が正式に決まったのであれば、ＢＣＭに取り組むことは既に経営層から承認されているはずですので、残りは③の計画ということになります。

大雑把でも結構ですので、ＢＣＭに関する年間計画や今後3年間くらいの長期計画を作成し、その計画に対して経営層の承認を受けてください。

もちろん、実際に取り組んでみたら計画どおりに進まないという可能性もありますので、今後変更される可能性についても説明し、合意を得た上で承認されるのが理想的です。

そして、計画を変更する必要が生じた場合は、変更案を作成して経営層に説明し、再び承認を得るようにします。このように計画の変更の度に経営層に説明しに行く形にすることで、経営層がBCMに関与する機会を増やすことができますので、今後の活動に対して経営層のサポートが得られやすくなると同時に、担当部署にとっても計画どおりに進めたいというモチベーションに繋がります。

計画のつくり方について具体的には、77ページで説明します。

2　顧客やサプライヤーなどとの関係を大まかに整理しよう

顧客やサプライヤーなどとの関係の整理

事業継続のための基礎固めとして、御社におけるBCMの目的や取り扱う範囲を検討する上での前提条件を明らかにするために、まず顧客やサプライヤーなどとの関係を、次の4つの観点から大まかに整理しておきましょう。

- 顧客は御社の事業継続に対して何をどのくらい期待しているか。
- サプライヤーは御社の事業継続に対して何をどのくらい期待しているか。
- 競合他社は御社の事業中断によってどのような影響を受け得るか。
- 御社の事業中断は御社の利害関係者に対してどのような影響を与えるか。

顧客は御社の事業継続に対して何をどのくらい期待しているか

先ほど例に上げた自動車部品メーカーで事業中断が発生したら、納品先の自動車メーカーでは部品が足りなくなるため、自動車組立工場を止めざるを得なくなるかもしれません。また、ＩＴサービス業で、例えばクラウドで何らかのサービスを提供しているような会社であれば、ユーザーはそのサービスが使えなくなって困るということになるでしょう。

このような影響を考慮して、御社の顧客が御社の事業継続に対して何をどのくらい期待しているか、大まかに整理してみてください。言い方を変えれば、「御社の事業が止まったら、どのような顧客が、どのくらい困るか」を考えるということです。

具体的にどの程度困るかは、第3章で詳しく分析・評価しますので、ここでは大雑把に整理できれば十分なのですが、この段階で大事なのは、御社に対する依存度が高い顧客をしっかり把握することです。これは、顧客の立場から見れば、御社の代わりを見つけやすいかどうかということでもあります。

例えば、あるプラスチック製品メーカーは、化粧品メーカーに高級化粧品の容器を納品しています。その容器は、化粧品メーカーと共同開発したものなので、デザインの知的財産権や製造技術面などの制約から、化粧品メーカーとしては同じものを他のメーカーにつくらせることができないそうです。

このように、御社が提供している製品またはサービスが、特定の顧客のニーズに合わせた専用のものである場合や、技術的な制約などで他社からの提供が難しいものである場合、一般的には御社に対する顧客の依存度は高くなります。

逆に、御社が提供している製品またはサービスが汎用性の高いものであれば、顧客側としても他の調達先を見つけやすいため、御社に対する依存度は低くなります。

これらの例は、企業間のいわゆるＢtoＢと呼ばれる取引形態ですが、一般消費者を相手とするＢtoＣの取引でも同様です。

例えば、独自性の高い医薬品や化粧品などは、普段使っているものを常に入手できることが重要で、もし品切れになったとしても他社製品に切り替えにくい場合があります。このような商品に対しては、常に同じ商品を購入できることが消費者から期待されています。

サプライヤーは御社の事業継続に対して何をどのくらい期待しているか

顧客とは逆に、御社が原材料や部品などを調達しているサプライヤーも、御社との取引に対して強く依存していないかどうか検討しましょう。

もし仮に、御社とのビジネスが売上の大部分を占めるようなサプライヤーがあったとしたら、御社からの発注が途絶えたとたんに売上が激減してしまいます。

典型的な例が自動車メーカーです。もし自動車メーカーの工場で自動車組立ラインが止まってしまったら、多数の部品メーカーに対する発注が一斉にキャンセルとなります。

もちろん、部品メーカー側でも、複数の自動車メーカーに部品を供給したり、自動車以外の産業に対するビジネスを拡大するなどの方法でリスク分散を図っているでしょうが、特に中小企業などでは特定のメーカーに依存している企業も少なくないでしょう。

また、ある大手商社では、自社の財務部門の業務が止まることによって多数の取引先に対する支払いが滞ると、特に中小企業の資金繰りに重大な影響を及ぼす可能性があることが認識されていました。

これらのようなことは、サプライヤーだけでなく、業務委託先に対しても同じことが言えます。御社の事業が止まったら困るようなサプライヤーや業務委託先があるかどうか、考えてみてください。

競合他社は御社の事業中断によってどのような影響を受け得るか

普段から競合他社との間で激しいシェア争いをしている企業であれば、御社が事業中断に陥っている間に、競合他社がシェアを伸ばすという可能性も考慮する必要があるでしょう。

ある食品メーカーの方から聞いた話ですが、もし仮に自社の工場が止まってしまい、スーパーなど小売店への納品が滞ってしまうと、売場の棚にスキマが空かないように、競合他社の商品で埋められる場合があります。もちろん、その結果として競合他社への発注量が増えますので、市場シェアを奪われることになります。

その後、工場が無事に復旧して、再び商品を出荷できるようになったとしても、小売店が事業中断の前と同じように発注してくれるとは限りません。もし、競合他社の商品の売行きがよかったら、小売店としてはこのまま継続して競合他社の商品を並べたほうがいいと考える可能性もあります。したがって、メーカー側としては、工場の復旧だけでなく、小売店に対する営業活動にも力を注がなければならなくなります。

もし、御社の製品またはサービスの中で、このように厳しい競争環境に置かれているものがあったら、競合他社に付け入る隙を与えないように、それらをBCMにおける重点分野に位置づけるべきかもしれません。

御社の事業中断は御社の利害関係者に対してどのような影響を与えるか

これまで述べてきた顧客、サプライヤー、競合他社の他に、御社の事業中断によって影響を受ける可能性のある利害関係者（ステークホルダーともいいます）について考えます。

まず、言うまでもないと思いますが、御社の従業員およびその家族に対する影響を考える必要があります。もし仮に、売上が全くなくなっても、全従業員に1年くらい給料を払えるような潤沢な資金をお持ちの会社であれば話は別ですが、多くの企業においては事業中断に陥っている間に給料を払い続けるために、何らかの算段が必要でしょう。

また、株式会社であれば、株主（投資家）に対する影響もあります。事業中断によって収益が悪化すれば、株主に対して支払う配当が減る可能性があるからです。しかしながら、これをＢＣＭにおいてどの程度考慮すべきかは、個々の企業によって大きく異なります。特に、上場企業か否かによってアプローチがかなり変わりますので、御社の場合にこの観点をどの程度考慮すべきかご検討ください。

他にも地域社会、工業団地、近隣に立地する企業、地元自治体、業界団体や同業者など、事業中断によって影響を受ける利害関係者は様々です。御社の場合、どのような利害関係者を考慮すべきか、考えてみてください。

3　資金繰りをザックリ試算してみよう

ＢＣＭに欠かせない事業中断発生後の資金繰りの検討

ＢＣＭに欠かせない検討事項の１つが、事業中断が発生した後の資金繰りです。

残念ながら、過去に発生した様々な大規模災害では、多くの企業が倒産に追い込まれています。ここでは、そのような現実を踏まえて、御社が事業中断に対して、財務的な観点でどの程度脆弱かを大まかに試算してみましょう。

ここで「大まかに」というのは、もし御社が事業中断に陥って売上収入が途絶えたら、何か月くらいで致命的になるのか、それとも数か月くらいは何とか持ちこたえられるのかというような目星がつけられるくらい、という感じでご理解ください。

ところで、特に中小企業においては、試算をするまでもなく財務面は不安だから、試算する必要もないと思われる方も多いでしょう。ところが、その「不安」は、とても漠然とした不安であり、しかも同じ企業の中でも不安の程度は人によってまちまちです。したがって、ＢＣＭに取り組む際に、財務面の脆弱性に関して共通認識を持つことが重要なのです。

なお、事業中断に伴う資金繰りに関してあまり心配する必要のない企業（主に上場企業や大企業、およびこれらの子会社など）の方は、このセクションは読み飛ばしていただいても構いません。

完全な事業中断が１か月続いた場合の資金繰りを考えてみる

図表3のような形で、災害が発生した翌月から1か月ごとの資金繰りを試算してみましょう。ここでは、必ずしも正確な数字を入れる必要はなく、全体が大まかに把握できる程度の概算で十分です。

例えば、1月末に災害が発生し、完全な事業中断が2か月間続くと仮定して、まず2月の収入／支出がどうなるかを「1か月目」の列に記入してみます。売上収入はゼロになりますが、前月までの売上金が当月に入金されるというような取引条件であれば、2月に入金される予定の金額を<a1>に記入します。

また、不動産収入など、事業中断に陥っても得られる定期収入があれば<b1>に記入します。

【図表３　資金繰りの試算表の例】

	１か月目	２か月目
収入	<a1> 売上収入	<a2> 売上収入
	<b1> 定期収入（不動産収入など）	<b2> 定期収入
支出	<c1> 人件費	<c2> 人件費
	<d1> 賃借料	<d2> 賃借料
	<e1> その他固定費	<e2> その他固定費
	<f1> 材料費など	<f2> 材料費など
	<g1> その他変動費	<g2> その他変動費
	<h1> 借入金返済	<h2> 借入金返済
	<S1> 合計（a1＋b1－c1－d1－e1－f1－g1－h1）	<S2> 合計（a2＋b2－c2－d2－e2－f2－g2－h2＋S1）

ここから下は支出になります。まず、固定費の部分（人件費、賃借料、その他固定費）には常に同じ金額が入りますので、平常時に発生する金額をそのまま記入します。

変動費の部分（材料費等、その他変動費）は、事業中断の状況によって変わります。完全に事業が中断されたら材料などの仕入も発生しなくなりますが、前月までに発注した分の支払いを当月に行うという取引条件であれば、２月に支払うことになる金額を<f1>および<g1>に記入します。

銀行などから融資を受けていて、借入金を毎月返済している企業であれば、事業中断に陥っている間も返済を続ける必要がありますので、その金額を<h1>に記入します（大規模な災害が発生した場合は、金融機関側が返済を待ってくれる可能性もありますが、実際にどうなるかは事前にわかりませんので、ここでは待ってくれないものと想定します）。

これまでに記入した金額を縦に集計すれば、事業中断が

1か月続いた場合の資金繰りの状況がわかります。<S1>の欄に書かれているとおり、「収入」の金額の合計から「支出」の金額を引いていくだけです。

ここで<S1>の金額がマイナスになったら、それだけ手持資金が減るということになりますし、これがもし現在の手持資金の金額を超えた場合には、融資を受けるなど何らかの方法で補う必要があるということです。

事業中断が2か月続いたらどうなるか

同様に「2か月目」、すなわち3月の列にも金額を入れてみます。売上収入については、前々月（1月）以前の売上に関する入金が想定される場合は、その金額を<a2>に記入します。材料費やその他変動費についても同様に、前々月以前に発注した分のうち、当月に支払うことになると想定される金額をそれぞれ<f2>および<g2>に記入します。

そして、「2か月目」の列を縦に集計していけば、事業中断2か月目の資金繰りの状況がわかります。

ただし、ここでは資金繰りの累積を見る必要がありますので、<S2>の欄に記載したとおり、「収入」の合計から「支出」の金額を引いた後に、1か月目の合計<S1>を足さなければならないことに注意してください（もちろん<S1>の金額がマイナスならば引くことになります）。

同じ考え方で3か月以上続いた場合の試算もできますので、必要に応じて試算してください。

財務面の脆弱性を加味してＢＣＭに取り組む

このように単純な方法で試算するだけでも、御社が事業中断に対して財務的にどのくらい脆弱かがわかります。もし余裕があれば、御社の事情に合わせて試算の方法を工夫していただければと思います。

例えば、事業所が複数に分かれていて、大規模な災害が発生しても完全な事業中断にはならないと考えられる場合は、被災したほうの事業所から発生する売上や仕入はゼロとし、被災しないほうの事業所に関する売上や仕入は平常時と同様に続くという条件で試算したほうが、より現実に近い試算になります。

試算の方法こそ単純ですが、このような試算方法に必要な数字を（概算でも）全部言える人は、経営層と財務部門の方々くらいなのではないかと思います。つまり、従業員の多くは、事業中断が発生した場合に、どのくらいの期間で立ち直らないと資金繰りが致命的になるか、見当すらつかないのです。

したがって、このような試算を行った結果を関係者間で共有して、事業中断における財務面の脆弱性に関して共通認識を持てるようにすることが重要なのです。

もともと経営状況に余裕のない企業にとっては、このような試算は残酷だと感じられるかも知れません。しかし、そこは敢えて厳しい現実を見つめ、漠然とした不安を具体的な課題に変えて、前向きに取り組んでいただければと思います。

4　御社が事業継続マネジメントに取り組む目的を文章にしてみよう

ＢＣＭに取り組む目的を文章化

本章では、御社の事業継続の基礎固めのために検討すべき事項について個別に説明してきましたが、ここまで検討が進んだところで、御社がＢＣＭに取り組む目的を文章にしてみましょう。

読者の皆様の中には、あらためて「ＢＣＭに取り組む目的」と言われても、「早く復旧させたいからに決まってるじゃないか」と思われた方もいらっしゃるかもしれませんが、ここではさらに一歩踏み込んで、「早く復旧させたいのは何のためか」を考えていただきたいのです。

御社が、もし災害などで事業中断に陥った場合、早く事業を再開・復旧させたいと思うのは、顧客に迷惑をかけたくないからでしょうか。それとも、納品が滞ることによって顧客から契約を切られないようにするためでしょうか。もしくは、売上がなるべく減らないようにするためでしょうか。あるいは、競合他社が有利になるのを避けたいからでしょうか。

もちろん、これらの中で1つだけに絞る必要はありません。どれに重きを置くか、どれを最優先にするかということが関係者の間で議論できればいいと思います。

本章でこれまでに検討してきたことを踏まえて、御社の経営層を含めて関係者の皆様が納得できるような文章にしてみてください。

複数の事業や製品群に対して別々の目的を設定することも有効

例えば、食品メーカーで、一般消費者向けの商品と、病院内の給食向けの食品を製造・販売している企業の場合、次のような文になるかも知れません。

・一般消費者向け商品に関しては、当社の利益の減少を最小にすることを目的とする。
・病院向け商品に関しては、患者さんの食事が滞りなく提供されるようにすることを目的とする。

これらは、特に事業継続に関する優先順位の検討に大きく影響します。

例えば、右の例では、「一般消費者向け商品」に関して、売上ではなく「利益の減少を最小にする」と決めています。これに従って考えれば、売上高よりも利益率の高い商品から先に復旧すべきだということになります。

また、「病院向け商品」に関しては、「患者さんの食事が滞りなく提供される」ことを目指すわけですから、市場シェアの高い商品や、他社から提供されないような独自性の高い商品から先に復旧すべきだという方針になるかもしれません。

このように、御社がＢＣＭに取り組む目的を明文化することによって、これからＢＣＭに取り組む方向性がより明確になります。

ここで検討する「目的」は、必ずしも社外に公開する必要はありません。あくまでも社内で共通認識を形成することを念頭に置いて、関係者の皆様が納得できる文面にまとめ、経営層に承認してもらってください。

5　事業継続マネジメントの適用範囲を決めよう

ＢＣＭの適用範囲

ＢＣＭに取り組む目的など、これまでに検討してきたことを踏まえて、御社のＢＣＭの適用範囲を決めましょう。

これは、ＢＣＭにおける今後の検討対象をこの「適用範囲」に限定するということです。これを決めておくことによって、ＢＣＭに投入するマンパワーや資金などが過剰になるのを防ぐことができます。

いきなり会社全体を対象としてＢＣＭに取り組み始めると、会社中で膨大な作業が発生する可能性があります。場合によっては、あまりＢＣＰの必要性が高くない製品や業務に対して過剰に手間を掛け過ぎることになるかもしれません。そこで、ＢＣＭに取り組み始める初期の段階で適用範囲を決め、今後の作業をこの範囲内に限定します。

これは、第1章で説明した、防災とＢＣＭとの関係とも併せて理解していただきたいところです。防災は、従業員の安全を確保する義務に基づいて行われますので、当然ながら会社全体が対象となります。「○○工場は防災の適用範囲から外す」などということはありません。

一方で、ＢＣＭは企業自らの意思で取り組むものですので、適用範囲を自ら決めることができます。必ずしも会社全体を対象とする必要はありませんし、それがよいとも限りません。

なお、企業の規模が小さかったり、事業の内容がシンプルである場合は、最初から会社全体を適用範囲にするほうが現実的な場合もあります。しかし、小さな企業であっても、複数の事業を抱えていて、それらの事業の間に繋がりが全くないような場合は、適用範囲を限定したほうがよい場合もあります。このあたりは、ケースバイケースとしか言いようがありません。

次に、ＢＣＭの適用範囲を決める際の考え方について解説しますので、御社にとって合理的な適用範囲を決めてください。

災害によって新たに発生するニーズへの対応は区別して扱う

ところで、一部の企業や非営利組織においては、災害によって新たに発生するニーズに対応するための業務が必要となる場合があります。

例えば、自治体においては、災害が発生した場合に住民の安全確保や生活再建、地域の復旧・復興のために、地域防災計画で定められている大量の業務を遂行しなければなりません。

また、医療機関（特に災害拠点病院など）では、災害によって医療機関の対応能力を超えるような多数の負傷者が発生した場合、平常時の医療活動とは異なる対処が必要となる場合があります。

企業においても、建設業では災害によって破損した建物、道路、橋梁、線路、護岸などの修復や、被災建築物に対する応急危険度判定などといったニーズへの対応が求められますし、設備メーカーであれば、被災した顧客に納品した設備の点検や修理などが必要となるでしょう。

本書では、便宜上、これらを総称して「災害対応業務」と呼ぶことにしますが、これらについては事業継続マネジメントの適用範囲から一旦除外して考えるほうが合理的です。

もちろん、これらの災害対応業務についても、BCPと合わせて検討する必要があるのですが、これらの業務の必要性や優先順位などは、事業継続マネジメントの方法論とは全く別の観点から決まります。したがって、本章から第5章までは、これらの業務を検討対象から一旦除外して、平常時に行われている業務を対象として検討を進め、第6章でBCPを文書化する際に、あらためて検討に加えます。

BCMの適用範囲は製品・サービス単位で考える

第1章で既に述べたとおり、BCMでは、製品やサービスの提供を中心に考えますので、適用範囲についても製品・サービス単位で考えます。よく「本社」、「○○工場」などといった事業所単位で決められている例がありますが、このような決め方は合理的でないこともあります。

例えば、国内外で自動車を製造・販売している自動車メーカーであれば、次のような適用範囲の決め方があり得ます（これらはあくまでも例の一部であり、これら以外にも様々な決め方があり得ます）。

㋐　国内で販売しているすべての乗用車を対象とする。

㋑ 国内で販売している乗用車のうちエンジンが1600～2000ccの車種を対象とする。
㋒ 国内で販売しているすべてのハイブリッド車および電気自動車のみを対象とする。
㋓「○△□☆」（具体的な車種名）のみを対象とする。
㋔「○△□☆」（具体的な車種名）の国内仕様のみを対象とする。

この例では、概ね㋐から㋔に向かって適用範囲が狭くなっていくと考えられますが、どのくらいの範囲にするかは、次に解説するような考え方に基づいて企業自ら判断することであり、一概に「適用範囲は広くすべき」とか、「狭くしたほうがよい」などとは言えません。

もし仮に、適用範囲を前述の㋓のように決めたとして、この車種のエンジンをA工場、車体をB工場、組立てをC工場で行っているとした場合、これら3つのすべての工場において、この車種の製造にかかわっている部署や工程が、今後のBCMでの調査・検討対象となります。また、同じ工場の中でも、この車種の製造にかかわっていない部署や工程は対象外となります。

さらに、本社の生産管理、物流、購買などといった部署や、これらの部署が使用する情報システムも適用範囲に含まれるべきでしょう。

なお、これらの部署の業務は、特定の車種に限らず、この会社で製造・販売している他の車種にかかわっていると考えられますので、特定の車種のBCMの取組みが進めば、それは他の車種の事業継続にもある程度は寄与するということになります。

このように製品・サービス単位でBCMの適用範囲を決めた結果、適用範囲が複数の事業所にまたがることは決して珍しくありません。

逆に、「本社およびC工場」などというように事業所単位で適用範囲を決めても、この会社の製品・サービスを顧客に提供するために必要なプロセスが完結しないため、結果的に不完全なBCPになってしまいます。この節の冒頭で、事業所単位での決め方が合理的でない場合があると申し上げたのはそのためです。

BCMの適用範囲はあとから拡大してもよい

第1章で述べたとおり、BCMは継続的なマネジメント活動ですので、BCMの活動の中で適用範囲を見直し、変更することもできます。

特に、BCMに取り組むことが全く初めての企業であれば、最初は適用範囲をできるだけ小さく限定して始めることをおすすめします。

本書では、BCMで用いる手法がひととおり解説されていますが、これらを実際に御社で実行するためには、御社の事情に合わせて工夫していく必要があります。

実際に、筆者のようなコンサルタントも、自らが持つノウハウを個々のお客様に合わせて修正・カスタマイズしたり、お客様にとって必要な手法を開発したりしながら、お客様のBCMのお手伝いをしています。

また、ご協力いただく各部署の方々にも、「BCPとは何か」というような初歩の段階から様々な説明をして、理解を得ながら進めていかなければなりません。

このように、ＢＣＭに取り組み始める最初の段階が最も大変ですので、最初から適用範囲が広過ぎると、仕事があまりにも大変過ぎて、途中で挫折してしまうリスクもあります。

そこで、最初は適用範囲を小さく設定してＢＣＭに取り組み始め、17ページに図示したマネジメントサイクルを1周するところまでやってみて、御社におけるＢＣＭの進め方がある程度わかってから適用範囲を段階的に広げていくほうが、途中で挫折するリスクを減らせます。

自転車のペダルの最初の一漕ぎが一番重いのと同じように、ＢＣＭも最初が最も大変で、マネジメントサイクルの2周目、３周目と進むにつれて、勢いがついてスイスイ進むようになります。ＢＣＭにおいても、まずは最初の一漕ぎを軽くできるように工夫してみてください。

一番最初にどれを適用範囲に含めるべきか

御社に数多くの製品・サービスがある中から、どの部分を最初に適用範囲に含むべきか迷われる方も多いと思います。そこで、ここでは適用範囲をどのような観点から選ぶべきかを説明します。

ＢＣＭの適用範囲を決める際の考え方を大雑把に整理すると、主に次の２つの観点があります。

・事業継続の必要性
・ＢＣＭへの取り組みやすさ

「事業継続の必要性」は、まさに御社のＢＣＭの目的を達成するために、どの製品・サービスの事業継続が最も必要かという観点です。

もし、御社のＢＣＭにおいて、利益を確保することが最重要であれば、利益率の高い製品・サービスが含まれるべきでしょう。

また、顧客に対してできるだけ迷惑をかけないようにすることがＢＣＭの主目的であれば、納期に関する顧客からの要求がシビアな製品・サービスや、オーダーから納入までの時間が短い製品・サービスが含まれるべきという考え方もあり得ます。

事業中断によるイメージダウンを避けたいということであれば、御社の看板商品となっているような、最もよく知られている製品・サービスから取り組むべきかも知れません。

もう1つ別の観点として、「ＢＣＭへの取り組みやすさ」があります。前項で述べたとおり、ＢＣＭに取り組むのが全く初めてであれば、楽に始められるということも重要です。

もちろん、「事業継続の必要性」を完全に度外視して、「取り組みやすさ」だけを考えて選ぶのは避けるべきですが、「事業継続の必要性」が高いものの中から、比較的取り組みやすいものを選ぶという観点は、検討する価値があります。

例えば、68、69ページの例で、仮にこのメーカーの主力商品が1600～2000ccの乗用車で、事業継続の必要性という観点からは、売上や利益への貢献度が高いハイブリッド車を対象にすべき状況にあるとします。

ここでもしハイブリッド車のほうがサプライヤーとの関係や製造工程が複雑で、ＢＣＭに取り組む上で難易度が高いと判断されたら、あえてハイブリッド車を対象から外して、まず1600～2000ccのガソリンエンジン車を対象としてＢＣＭに取り組み始めるという考え方は十分あり得ます。

なお一般的には、ＢＣＭに取り組み始める初期の段階で、69ページの例の㋓、㋔のように具体的な車種というようなレベルまで特定するのは困難です。したがって、ここでは事業継続の必要性が最も高そうな製品・サービスを含むような「製品・サービス群」、もしくは「○○事業」というような決め方ができれば十分でしょう。

より具体的に特定の製品・サービスに絞り込むためには、関係者が納得できるような根拠が必要となる場合が多く、そのためにはある程度の情報やデータを集めて分析する必要があります。これについては、第3章であらためて解説します。

適用範囲に含まれない製品・サービスのことはどうでもいいのか

読者の皆様の中には、ＢＣＭの適用範囲を狭くすることに対する不安を感じられる方もおられると思います。また、御社で実際にＢＣＭに取り組み始めたら、経営層や他部門の方々から、適用範囲を狭く限定することに対する疑問や反対意見が出るかも知れません。

そのような不安、疑問、反対意見の多くは、恐らく次のような理由によるものでしょう。

㋐　適用範囲に含まれない製品・サービスは復旧できなくてもいいのか。

㋑　段階的に適用範囲を広げていくとしても、適用範囲を広げる前に災害が発生したらどうするのか。

まず㋐に対してですが、もちろん適用範囲に含まれていない製品・サービスについても、最終的には復旧させることになるでしょう。ここで重要なのは、復旧に要する期間です。

説明のためにちょっと極端な例を申し上げますが、半年程度の間に復旧すればよいような製品・サービスであれば、ＢＣＰがなくても十分間に合うので、ＢＣＭの適用範囲に入れなくてもいいと考えられます。もちろん、たとえＢＣＭの適用範囲に入っていなくても、最終的には復旧させることになるでしょう。

一方で、大規模な災害の後でも、１週間くらいで復旧させたいのであれば、ＢＣＰがないと間に合いません。このように、復旧に使える時間の長さ（復旧の緊急性）を考慮して、ＢＣＭの適用範囲に入れる必要性があるかどうかを考えていきます。

㋑に関しては、そもそも「当社がＢＣＭに取り組み始める前に災害が発生したらどうなったのか」という話とあまり変わりません。つまり、単に「もし間に合わなかったら仕方ない」と言うしかありません。

適用範囲を狭くしてＢＣＰを短期間でつくることも重要

前述の㋑に関連して特に考えていただきたいのは、適用範囲を狭くして、最初のＢＣＰを短期間でつくれれば、たとえそれが限定的なＢＣＰであっても、災害が発生するまでに「間に合う」可能性は高くなるということです。

もし仮に、適用範囲を狭く限定してＢＣＭに取り組み始めれば、３か月でＢＣＰをつくれそうなのに対して、適用範囲を最初から広めに設定したら、ＢＣＰができるまで1年かかりそうな見込みだとします（あくまでも説明上の仮定です）。

この企業が、もし今から半年後くらいに災害で被災したとしたらどうでしょうか。もし適用範囲を狭く限定して取り組んでいれば、少なくとも適用範囲の中に関してはＢＣＰができていますから、これが役に立つ可能性が期待できます。

一方、もし適用範囲を広めに設定していたとしたら、まだＢＣＰができていませんから、恐らくＢＣＭに取り組み始める前と同じような対応しかできないでしょう（ＢＣＭの中で検討したことが多少は役に立つ可能性はありますが）。

このように、できるだけ短期間でＢＣＰを形にできるように対象範囲を限定したほうが、災害に対してＢＣＰが間に合う可能性が高くなるので、より有利な方法だと考えられます。

なお、言うまでもないことですが、前述の例で「適用範囲を広くしても3か月でＢＣＰをつくるべきだ」などというのは論外です。

実務の事情を無視してそのような「べき論」で取り組んでも、計画どおりに進まず破綻して、さらに長期化するだけでしょう。

BCMの適用範囲を限定したら不公平になる？

ＢＣＭの適用範囲を限定したら部門間で不公平が生まれると指摘されることがあります。これは、筆者も多くの企業で指摘されてきましたが、ここで言われる不公平には2種類あります。

1つは、適用範囲に含まれなかった製品・サービスは、会社にとって重要ではないと誤解され、適用範囲外の従業員のモチベーションが下がるということです。もう1つは、「適用範囲に含まれる部門だけ余計な仕事が増えるから不公平だ」ということです。

しかしながら、防災と違って、本来ＢＣＭは不公平なものです。会社全体として合理的な事業継続を実現するためには、事業継続の必要性が高い製品・サービスに対して効果的に資源を投入する必要がありますので、ある程度の不公平が発生するのは必然です。

したがって、ここで重要なのは、不公平をなくすことではなく、不公平による不満を減らすことです。

まず、適用範囲に含まれない製品・サービスに関しては、これらが「重要でない」のではなく、「事業継続における緊急性が相対的に低い」と説明することが重要です。

ある食品メーカーの例では、一般消費者向けに大量に販売されている主力商品よりも、病院向けの特殊な商品のほうが、事業継続における緊急性が高いと判断されたことがありました。これは、他社に同等の商品がなく、病院での給食を継続するために不可欠だったからです。平常時の重要性とＢＣＭにおける緊急性は別なのです。

また、適用範囲に含まれる部門だけＢＣＭのための仕事が増えることについては、御社における

ＢＣＭの重要性や、適用範囲が決められた背景や根拠を丁寧に説明して理解を得るのが最も重要です。さらに、ＢＣＭのための仕事が「余計な仕事」と思われないように、ＢＣＭにおける努力や成果が何らかの形で評価される仕組み（人事考課に反映されるなど）ができるのが望ましいでしょう。

6　事業継続マネジメントの大まかな年間計画をつくろう

ＢＣＭの年間計画に最低限含めるべき内容

本章の最初のほうで、事業継続のための「基礎固め」の1つとして、ＢＣＭに関する計画をつくることを挙げました。そこで本項では、年間計画のつくり方について説明したいと思います。

ＢＣＭの年間計画に最低限含めるべき内容は、次のとおりです（番号は重要度の高い順です）。

① 年間の活動状況を経営層に報告する機会
② 次年度の年間計画を作成し経営層の承認を得る時期
③ （初年度の場合）ＢＣＰを作成するまでの大まかなスケジュール
④ 演習の実施時期
⑤ （2年目以降の場合）ＢＣＰを定期的に見直す時期
⑥ 従業員に対する教育訓練の実施時期

次に、これらの内容について順に説明します。

① 年間の活動状況を経営層に報告する機会

読者の皆様は、意外に思われたかもしれませんが、ＢＣＭを継続的な活動として御社に定着させるためにはこれが最も重要です。

ＢＣＭに関する1年間の活動状況や計画に対する進捗状況を経営層に報告するための会議の日時を、できるだけ年度の初めに決めてください。もちろん、経営層の方々の予定も確保する必要があります。

既にＢＣＭに取り組まれている企業のご担当者様から、「経営層がＢＣＭに関心を持ってくれない」という声を聞くことがありますが、実はそのような企業では、そもそも報告が行われていないということも珍しくありません。

まず、年度の初めに計画を作成して経営層の承認をもらい、年度の終わりにはその計画に対する進捗度合いを報告するというサイクルを毎年繰り返していく中で、経営層の皆様にもＢＣＭに関する課題認識を共有していただくことができます。報告の場で、経営層の方々からフィードバックや意見をいただけることもあるでしょう。

また、年度末には経営層に進捗を報告するということが決まっていれば、社内での取組みにも緊張感が生まれるというメリットもあります。

なお、これは必ずしも独立した会議である必要はありません。多くの企業では、「経営会議」などといった名称で、経営層の方々が出席される会議が定期的に開催されていると思います。そのような会議での議題の1つとして、ＢＣＭに関する報告の時間が確保できればそれで十分です。

また、もし御社で既にＩＳＯ９００１（品質）やＩＳＯ１４００１（環境）のような規格に基づくマネジメントシステムの認証を取得されているのであれば、年度末に「マネジメントレビュー」という会議が予定されているはずです。その場合は、品質マネジメントや環境マネジメントの担当部署に協力してもらって、マネジメントレビューの中でＢＣＭに関する報告も一緒に行うことができれば、運用の手間を減らせる可能性もありますし、経営層の皆様の負担も減らせます。

最初は、経営層の皆様にご理解をいただいて、予定を押さえるのは大変かもしれませんが、これが実現するかどうかが御社のＢＣＭの効果を大きく左右します。ぜひ頑張って予定を確保し、ＢＣＭに関する報告を定期的に行うサイクルを実現してください。

②　次年度の年間計画を作成し経営層の承認を得る時期

進捗状況を経営層に報告するためには、当然ながら先に計画がつくられている必要があります。

理想的な形としては、前項で説明した経営層への報告（年度末）の前に、ＢＣＭ担当部署において活動状況や進捗を振り返り、それらを踏まえて次年度の年間計画案を作成しておけるとよいでしょう。

このような段取りで進められれば、年度末に活動状況や進捗を報告すると同時に、次年度の年間計画を提案し、その場で承認を得られるか、もしくは計画案に対する修正指示をいただける可能性があり、最も合理的です。

③　ＢＣＰを作成するまでの大まかなスケジュール

初年度の場合は、まず何と言ってもＢＣＰを作成するためのスケジュールを組まなければなりません。仮に、本書で説明されている内容に沿ってＢＣＰの作成を進めるならば、本書の第２章〜第７章に対して、どのくらいの期間を割り当てるかを考えていただいてもよいと思います。

参考までに、本書の第２章〜第７章で説明されている作業のフローチャートを図表４に掲載しておきます。右側の「ＩＳＯ／ＪＩＳによる呼称」は、17ページの図表１に対応しています。

フローチャートの左右に、上の段階に戻る矢印がありますが、これらは作業結果を踏まえて上の段階での検討内容を見直し、修正する場合があることを示しています。

読者の皆様の中には、できるだけ手戻りを避けて進めたいと思われる方が多いと思います。しかしながら、どうしても手戻りが避けられない場面はあり得ますし、最初から手戻りが発生することを許容するつもりで取り組んだほうが、楽に検討を進められるという面もあります。

また、多少は手戻りをしながら進めたほうが、関係者間での納得の度合いが高くなったり、より御社にとって現実的なＢＣＰになりやすいという効果もあります。

したがって、ＢＣＭにおける手戻りについては、前向きに考えていただき、ある程度の手戻りが発生することを見込んで、余裕のあるスケジュールを組まれることをおすすめします。

もちろん、御社にとって未経験の仕事ですので、どのくらいのスケジュールで進められるのか見積りが難しいと思いますが、本章の最後にスケジュールの例を掲載しておきますので、これを参考にす

【図表４　BCMにおける作業フロー】

BCMの活動	本書での記載場所	ISO / JIS 規格における呼称
BCMの適用範囲を決める	第2章	
優先的に復旧させる製品・サービスを決める	第3章	事業影響度分析およびリスクアセスメント
製品・サービスの目標復旧時間を決める		
製品・サービスを提供するプロセスを整理する	第4章	
必要な資源を把握する		
代替しにくい資源を特定する		
弱点をカバーする方策を検討する	第5章	事業継続戦略および具体策
BCPを文書化する	第6章	事業継続計画および手順
演習にてBCPを検証する	第7章	演習プログラム

るなどして、大まかで結構ですのでスケジュールを組んでみてください。

④　演習の実施時期

ＢＣＰを作成したら、その内容が妥当かどうか、実行可能かどうか、実行するための準備が整っているかなどを確認・検証するために、演習を実施しなければなりません。

演習について詳しくは第7章で説明しますが、ＢＣＰ全体を確認・検証するためには、ＢＣＰを

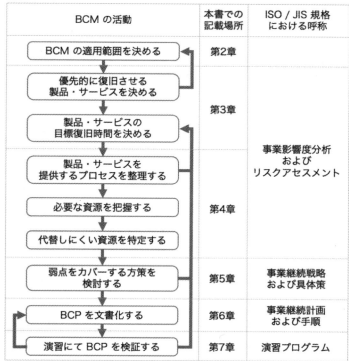

いくつもの部分に分割して、複数の演習を実施する必要があります。

しかしながら、ＢＣＰがまだ作成されていない段階では、どのような演習が必要かがわからないことが多いため、具体的な演習計画をつくるのは難しいと思います。

そこで、現実的な方法として、まず初年度は「災害発生直後の初期対応」に関する演習だけを予定しておくことをおすすめします。なぜかというと、ＢＣＰの内容がどのようになったとしても、災害発生直後の初期対応に関する演習は確実に必要だからです。

ＢＣＰが作成されたら、どのような演習が必要になるかが具体的に明らかになりますので、その段階で（恐らく2年目以降に）ＢＣＰに基づく複数の演習を含む計画を、本書の第7章を参考にして作成してください。

⑤　ＢＣＰを定期的に見直す時期

ＢＣＰを作成した後は、様々な観点から見直しを行い、必要に応じて修正を加えていく必要があります。

ＢＣＰを見直したり修正したりする時期について、特に決まりはありませんし、修正すべき箇所が見つかったら、できるだけ早く修正すべきです。しかしながら、つい忘れられてしまうということもあり得ますし、締切が決まっていない作業は後回しにされることも多いものです。

そこで、すべてのＢＣＰを一斉に見直し、修正を行う時期を決めておくことをおすすめします。

一般的に見落とされることが多い修正箇所は、次の２つです。

(a)　組織改編に伴う修正

(b)　複数の文書間での不整合

(a)は、部署名が変わったとか、ある業務が別の部署に移管されたなどといった変更が発生した場合に、それらをＢＣＰに反映させるのを忘れてしまうことです。

また、ＢＣＰは、複数の文書に分けて作成されることが多いので、ある文書の内容を修正したときには、これに関連する他の文書も同時に修正しなければならない場合があります。これが忘れられた結果として、(b)のような不整合が発生します。

そこで、ＢＣＰに関するすべての文書を一斉に見直す時期を設け、このように見落とされがちな修正漏れをチェックすることをおすすめします。

もちろん、見直しを行った結果として、修正すべき箇所が見つからなければ、見直しを行った事実を何らかの形で記録するだけで結構です。その場合でも、ＢＣＰに関するすべての文書に対して見直しを行ったことを経営層に報告することが、ＢＣＭの運用状況を経営層に理解していただくために重要です。

⑥　従業員に対する教育訓練の実施時期

事故や災害などに対する企業の対応力を維持向上させるためには、従業員に対して少なくとも次のような内容を含む教育が必要になります。

(a)　一般的なＢＣＭの概念やその必要性

(b)　当社のＢＣＰの内容

(c)　ＢＣＰにおける従業員の役割

理想を言えば、まず(a)に関する従業員教育が実施され、ＢＣＭの概念やその必要性が従業員に理解された上で、ＢＣＭの活動が始まるという形が望ましいのですが、ＢＣＰを見たこともない従業員が概念的な説明をされても、今ひとつピンと来ないかもしれません。

したがって現実的には、ＢＣＰが作成された後で、実際のＢＣＰを見せながら(a)と(b)に関する教育を併せて実施したほうが、従業員にとってはわかりやすいと思われます。このような考え方で進めるのであれば、従業員に対する教育を実施するのは、２年目以降になる可能性もあります。

なお、(c)に関しては、ＢＣＰにおける従業員の役割は部署ごとに異なることが多いため、部署ごとに内容を変えて行う必要がある可能性が高いと思われます。この点に関しては注意が必要です。

また、もしＢＣＰに書かれている内容を実行するために、普段あまり使わないような機材を使う場合や、普段とは異なる手順で業務を遂行する場合などは、これらに関する訓練も必要になります。

典型的な例としては、普段と異なる通信手段（無線機や衛星携帯電話など）を用いる場合や、ある部署の業務を一時的に他の部署で代行する場合などがあります。このようなものについては、平常時のうちに訓練を行い、機材の使い方や業務手順に習熟しておかないと、いざというときに実行に移せなくなります。

ＢＣＰが作成されたら、このような訓練が必要な部署や業務を特定し、無理のないスケジュールで訓練に取り組めるよう、訓練計画を立てることをおすすめします。

年間計画の例

以上を念頭に置いて、ＢＣＭの年間計画を作成した例を図表5、6に掲載しておきます。ただし、これらはあくまでも例ですので、御社の事情に合わせて無理のないスケジュールを設定してください。

なお、図表6の例では、2年目の計画の大部分が演習で占められていますが、もし初年度でＢＣＰをつくったときの対象範囲が小さく設定されており、2年目以降にＢＣＰの対象範囲を拡大していくという方針であれば、当然ながら2年目にも事業影響度分析やＢＣＰの作成などといった作業を進めながら、これと並行して初年度につくられたＢＣＰの演習を行うことになります。

以上で御社のＢＣＭの基礎固めができました。次の第3章からは、いよいよＢＣＰの作成に向けて具体的な検討作業に入っていきますが、そのような作業に入る前に、ここまでの検討結果を経営層をはじめとする関係者に報告・説明した上で、合意ができていることが重要です。

特に経営層からの承認は必須です。実作業に入ってから基礎的な検討に戻ってこなくても済むように、しっかり合意形成してから次に進んでください。

【図表５　初年度の計画の例】

月	実施事項
4	
5	BCM の方針の検討（第2章）
6	事業影響度分析（第3〜4章）
7	
8	リスクアセスメント（第4章）
9	事業継続戦略の検討（第5章）
10	BCP の作成（第6章）
11	
12	従業員研修（BCPの内容の理解）
1	災害発生直後の初期対応に関する演習実施（第7章）
2	
3	経営層に対する進捗報告／次年度の計画承認

【図表６　２年目の計画の例】

月	実施事項	
4	（新入社員研修にてBCPの内容を説明）	
5	演習実施（A工場）	通信手段の訓練実施
6	演習実施（B工場）	
7	演習実施（営業部）	BCPの対応手順に関する訓練（各部署にて）
8	演習実施（アフターサービス部）	
9	演習実施（経理部・人事部）	
10		
11	演習実施（災害発生直後の初期対応）	
12		
1	BCP の定期見直し	
2		
3	経営層に対する進捗報告／次年度の計画承認	

第3章　事業継続における優先順位を整理しよう

1　どの製品・サービスを優先的に復旧すべきかを考えておこう

事業影響度分析とは

本書の第3章から第4章の途中までは、「事業影響度分析」と呼ばれる作業で、合理的で役に立つBCPをつくるためには欠かせない段階です。英語ではBusiness Impact Analysisというため、その頭文字をとって「BIA」と呼ばれています。

BIAは、BCMのためのノウハウの中でも中核的な部分であり、この部分をわかりやすく整理して説明されている参考書などは非常に少ないのですが、本書では予備知識のない方でも自力でBIAに取り組めるよう詳しく説明していきます。

したがって、ページ数が若干多くなりますが、ここから説明する内容が「御社で実際にやってみたらどうなるか」を考えながら、または実際に試しながら、読み進めていただければと思います。

第3章で検討することは、主に次の2つです。

① どの製品・サービスを優先的に復旧すべきか。
② それらの製品・サービスは、事業中断が発生した後どのくらいの時間までに復旧すべきか。

ここでは、表現をシンプルにするために「復旧」と書きましたが、厳密には必ずしも「復旧」とは限りません。一般的に「復旧」とは元どおりに戻ることですが、BCMでは事業中断が発生した後に、一時的に仮の手段を使って製品・サービスの提供を再開させることも含めて考えます。また、サービスの内容によっては、事業中断を発生させずにサービスの提供を継続させるべきものもあります。

したがって、①は「どの製品・サービスの提供を優先的に再開、または継続させるべきか」と書くのがより正確なのですが、本章の段階ではまだ「継続／再開／復旧」の区別を厳密に行う必要がないので、これらを総称して「復旧」と呼ぶことにします。

仮想企業「紅葉山食品」

ここからは、架空の食品メーカー「紅葉山食品」を例として、前述の①、②をどのように検討していくか説明していきます。

「紅葉山食品」は、次のような会社であると設定します。

- 本社：東京都
- 工場：宮城県、和歌山県、千葉県に各1か所
- 事業内容：各種レトルト食品や調味料などの製造・販売
- 販売方法：全国のスーパーやコンビニなどでの小売のほか、業務用の商品は卸売や商社を通して飲食店や病院・介護施設などに販売している。

なお、次の説明では、紅葉山食品がＢＣＭの主な目的について「当社からの商品供給が途絶えることによって、お客様にご迷惑をおかけしないことを最優先とする」と合意されており、ＢＣＭの

適用範囲が「各種レトルト食品の製造・販売」と設定されたものとして、説明を進めていきます。

製品・サービスを分類する

まず、ＢＣＭの適用範囲に含まれる製品・サービスをどのように分類するかを考えます。製品・サービスの分類方法はいろいろありますが、ここでの目的は製品・サービスの間で優先順位を決めることですから、優先順位の差がつくような分類方法を選ぶ必要があります。

紅葉山食品の場合は、次のような分類方法があり得ます。

・商品の種類別：カレー、シチュー、パスタソース、お粥、粉末だし、化学調味料など
・流通経路別：直接販売、卸売、商社
・顧客別：一般家庭、飲食店、病院・介護施設
・製造工場別：宮城工場（カレー、シチュー、粉末だし）、和歌山工場（パスタソース、お粥）、千葉工場（粉末だし、化学調味料）

もし、御社のＢＣＭの適用範囲に、輸出向けの製品などが含まれている場合には、前述のような分類方法に加えて「仕向地別」という分類があり得ます。また、製品やサービスの内容によっては、「顧客別」が「民間向け／公的機関向け」や世代別などといった分け方になる場合もあります。ぜひ御社の実情に合った分類方法を考えてみてください。

ここで紅葉山食品においては、ＢＣＭの目的に関して「お客様にご迷惑をおかけしないこと」を

最優先に考えることで合意ができていますので、この考え方に基づいて、まずは「顧客別」の分類方法を採用することにします。

事業中断の影響を評価するための表をつくる

次に行うことは、事業中断が発生して、製品・サービスの提供が途絶えた場合の影響の大きさを評価することです。

まず、図表7のような表を用意します。これは、２０１３年にロンドンで行われた「BCM World Conference and Exhibition 2013」というイベントにおいて、筆者が事業影響度分析のレクチャーを行った際に、ＢＣＩのメンバーと議論しながら作成したフォーマットを、日本企業に合わ

【図表7　製品・サービスの BIA に使用するフォームの例】

製品・サービス群	製品の提供が中断された場合の影響の大きさ（1~5）																
	顧客				収益				ブランド				市場競争				計
係数	1.0				1.0				1.0				1.0				
事業中断期間	1d	3d	1w	1m	1d	3d	1w	1m	1d	3d	1w	1m	1d	3d	1w	1m	
一般家庭向け商品																	
飲食店向け商品																	
病院・介護施設向け商品																	

せて修正したものです。そして、「製品・サービス群」の列に製品群を記入します。先ほど「顧客別」の分類をすることに決めましたので、ここには「一般家庭向け」、「飲食店向け」、「病院・介護施設向け」が入ります。

上の部分には「顧客」、「収益」、「ブランド」、「市場競争」という列があります。これらは、製品・サービスの提供が中断してしまった場合の影響の大きさを、どのような観点で評価するかを決めたものです。これらは、各社の事情に応じて変更するとよいでしょう。

紅葉山食品は、一般消費者向けに商品を販売しているため、一般消費者からも一定の知名度があると考えられます。したがって、自社の商品が店頭から消えたりしたら企業のイメージやブランドに対する悪影響が発生するかも知れません。しかしながら、一般的な知名度が低い会社であれば、この列は削除したほうが現実的かもしれません。

また、顧客との契約の中で、納期やサービスレベルに関する取決めがある場合（特に、これに違反した場合に違約金が発生するような場合）は、「契約遵守」というような列を追加すべきかも知れません。他にも、もし御社で検討すべき観点があれば、自由に追加できます。筆者のお客様においては、「顧客との信頼関係」という列を追加された例も度々ありました。

「事業中断期間」の目盛りの決め方

その2行下には「事業中断期間」という行がありますが、これは事業中断が、「1d」（1日）、「3d」（3

日）、「1w」（1週間）、「1m」（1か月）続いたときに、影響の大きさがどのように変化するかを考えるための「目盛り」です。これも各社の事情に応じて変更を検討すべきです。

例えば、データセンターなどでは、分単位、秒単位の停止が問題になることがありますし、1週間の中断など論外でしょう。このようなサービスであれば、もっと短い目盛りを設定すべきです。逆に、1日〜3日程度での復旧が物理的にあり得ないような業種であれば、もっと長い目盛りを設定すべきかもしれません。このように製品やサービスの性質などに応じて、目盛りの細かさを調節してください。

なお、この例では、目盛りの間隔が等間隔ではなく、後になるに従って間隔が広くなっていることに注意してください。これは一般的に、事業中断が発生した直後のほうが状況変化が多く、時間が経つに従って状況変化が少なくなっていくので、時間の経過に対する影響の大きさの変化がゆるやかになっていくためです。

読者の皆様が目盛りを変更される際にも、等間隔にはせず、事業中断の発生直後は間隔を短く、後になるにつれて間隔を長くとるようにしたほうが、評価がやりやすくなると思います。

事業中断の影響を評価する

事業中断の影響を評価するための表ができたら、これらの製品・サービス群の提供が中断してしまった場合の影響を評価します。

「評価」と言っても、何らかの客観的なデータを使って厳密に評価するのではなく、主観的かつ相対的な評価ができれば十分です。

評価は1から5までの数字で記入していきます。1は「ほとんど影響がない」というレベル、5は「致命的」というレベルとして、その間を5段階で記入していきます。例えば、ある商品の販売が1か月中断したら収益面で致命的な影響が発生すると考えられる場合は、「収益」の「1m」のマスに「5」と記入します。

紅葉山食品でこれを記入した結果の例は、図表8のようになります。

ここで、評価の前提について注意が必要です。地震など何らかの災害が発生したらどうなるかを考えるのではなく、その商品「だけ」が提供できなくなったらどうなるかを考えてください。

【図表8　製品・サービスの提供が中断された場合の影響の評価例】

製品・サービス群	製品の提供が中断された場合の影響の大きさ（1～5）																計
	顧客				収益				ブランド				市場競争				
係数	1.0				1.0				1.0				1.0				
事業中断期間	1d	3d	1w	1m	1d	3d	1w	1m	1d	3d	1w	1m	1d	3d	1w	1m	
一般家庭向け商品	1	1	1	2	1	2	2	3	1	2	4	4	1	3	4	5	37
飲食店向け商品	1	1	2	3	1	1	2	2	1	2	2	3	1	1	2	4	29
病院・介護施設向け商品	2	3	4	5	1	1	2	2	1	1	2	2	1	1	2	2	32

もし仮に「宮城工場が地震で操業停止になったら」と考えたら、販売先を問わず、カレーと粉末だしの製造が一斉に止まってしまうので、図表8のように別々に評価することに意味がないと思われてしまう可能性があります。

したがって、実際には起こりにくい状況だとは思いますが、「災害などは何も発生しておらず、世間は全く平和な状態で、ある特定の商品だけが提供できなくなったが、他の商品は全く問題なく提供できる」という前提で、評価を行う必要があります。

まず「致命的」な影響が生じるのはどこかを考える

このような作業に慣れていないと、どこから記入してよいかがわかりにくいと思いますが、まず最初に「致命的＝5」を入れるべき場所がどこかを考えるとわかりやすいと思います。

この例では、「5」になっているところが2か所あります。まず、「一般家庭向け商品」については、商品の提供が1か月中断されたら「市場競争」の観点で致命的な影響が発生すると考えられています。これは、スーパーやコンビニなどの店頭で欠品が続いた結果、消費者が競合他社の商品を買うようになり、市場シェアで大きく水を開けられてしまうことが懸念されているということを表しています。

また、「病院・介護施設向け商品」については、商品の提供が1か月中断されたら、「顧客」において致命的な影響が発生すると考えられています。同社は、病院や介護施設の給食専用として、塩分などを控えた専用商品を製造・販売しており、このような特殊な商品は他社からほとんど供給されないので、もし紅葉山食品からの商品供給が途絶えると、一般消費者向けの食品を使うという前提で、給食の献立から見直さなければならないためです。

このように、まず「5」が入るのはどこかを考えてから、これと比べてどのくらいになるかを相対的に考えると、他のマスを埋めやすくなります。

評価は相対的に考えて記入していく

例えば、「顧客」のところについては、「病院・介護施設向け」が1か月で「5」になっていますが、これに比べると「飲食店向け」は他社製品もあるので「3」くらいかなと考えられるかも知れません。また、「病院・介護施設向け」が1か月で「5」になるとすれば、事業中断の発生直後から1か月後に向かって、影響の大きさ（この場合は顧客がどのくらい困るかどうか）がどのように増加していくかを考えます。このように、まず「5」になるところを考えてから、縦方向／横方向に相対的に考えていくと、マスを埋めやすいのではないかと思います。

もし、どこのマスにも「5」が入らなかった場合は、検討する時間軸が短いと思われますので、少なくとも1箇所どこかに「5」が入るように、「事業中断期間」という行を修正してください。

例えば、最長を2か月（2m）にしたい場合、「3d」「1w」「1m」「2m」と修正すれば、全体的に検討期間が長くなります。もしくは、列を1つ増やして、「1d」「3d」「1w」「1m」「2m」という形にしてもよいでしょう。

社内で合意・納得が得られるような評価結果をまとめる

ところで、読者の皆様の中には、「このような評価を自分の主観で決めていいのか」と疑問に思われた方もおられると思います。もちろん、このような重要な評価を「あなた1人」の主観だけで決めるわけにはいきません。

そこで、社内で複数の方々にお願いして、他の方々にも同じような評価を実施してもらってください。営業部門やマーケティング部門、商品開発部門、経営企画部門など、多くの部門の方々に協力してもらえるのが理想的です。

必ずしも役員や管理職などといった役職や権限をお持ちの方でなくても構いませんが、自身の担当業務だけでなく、会社全体の状況をある程度把握しているような方々に協力していただけるのが望ましいでしょう。

当然ながら、業務内容や立場の違いも影響して、評価結果は人によって異なると思います。営業部門の方であれば、他の方々に比べて顧客に対する影響や市場競争の観点を重視した評価をされるかも知れません。また、経営企画部門の方なら、収益の部分を具体的な実績値に基づいて評価される可能性もあります。

このように、多くの方々に評価していただいた結果を総合的に勘案して、評価者全体としての評価結果にまとめます。ここでは、便宜上とりまとめられた評価結果を「総合評価」と呼ぶことにします。

とりまとめの方法はケースバイケースで、単純に全員から集めた数字の平均値をとるという考え方もあり得ますし、顧客に対する影響に関しては営業部門の方の評価を尊重するなど、必ずしも平均値をとらないほうがよい場合もあるでしょう。

いずれにしても、総合評価を作成したら、協力してくださった方々に総合評価を見せて、これで納得できるかどうか確認します。もし納得できない箇所があるようでしたら、理由を聞いた上で再度修正します。このようなやり取りを経て、協力してくださった方々全員が納得できる状態まで持っていきます。

重みづけを考慮して評価結果を調整する

図表8のような形で総合評価がまとまったら、書き込まれた数字を製品群ごとに横方向に合計して、右端の「計」の欄にその合計を書き込みます。単純に考えれば、この数字が最も大きいものが、最優先で復旧すべき製品群です。この例では、「一般消費者向け商品」が最優先ということになります。

ただし、実際には、このように単純に決まらないことも多いものです。

多くの会社では、このような分析作業をしなくても、経営層の方々や主立った従業員の方々が「うちの会社で事業継続を考えるとしたら、○○○が最優先だろうな」とか、「もしうちの工場が止まったら△△は困るだろうな」といった認識を、何となく既に持っておられることがあります。そして、そのような認識は概ね妥当であり、大きく的外れである可能性は少ないものです。

ところが、そのような認識に基づく事前の予想と、総合評価に書き込まれた数字を集計した結果とが大きく異なる場合もあります。例えば、今回の例ではBCMの目的が「お客様にご迷惑をおかけしないこと」であることが合意されており、かつ病院・介護施設向け商品は当社しかつくっていないこともわかっています。したがって、評価に参加した方々の中では、病院・介護施設向け商品の優先順位が上がることが予想（または期待）される可能性が高いですが、評価結果がこれとは異なるため、評価に参加された方々も違和感を感じるでしょう。

そこで、そのような違和感を解消できるように調整をかけます。具体的には、「顧客」、「収益」といった観点ごとに係数を掛けて重みづけをします。

既に説明したとおり、この評価方法では、影響の大きさが「致命的」な場合に「5」を記入しますので、顧客において致命的な影響が発生する場合と、自社のブランドに致命的な悪影響が発生する場合とが、全く同じように評価されます。したがって、これらのどちらを会社として重視するかということが、このままでは考慮されません。

そこで、そのような考え方を反映させるために「顧客」の数字をすべて1・5倍し、逆に「ブランド」の数字をすべて0・5倍してみます。このような係数を掛けて重みづけを行った結果は、図表9のようになります。

【図表９　係数によって重みづけを行った評価結果の例】

製品・サービス群	製品の提供が中断された場合の影響の大きさ（1～5）																計
	顧客				収益				ブランド				市場競争				
係数	1.5				1.0				0.5				1.0				
事業中断期間	1d	3d	1w	1m	1d	3d	1w	1m	1d	3d	1w	1m	1d	3d	1w	1m	
一般家庭向け商品	1.5	1.5	1.5	3	1	2	2	3	0.5	1	2	2	1	3	4	5	34
飲食店向け商品	1.5	1.5	3	4.5	1	1	2	2	0.5	1	1	1.5	1	1	2	4	28.5
病院・介護施設向け商品	3	4.5	6	7.5	1	1	2	2	0.5	0.5	1	1	1	1	2	2	36

このように、一部の観点に係数を掛けて重みづけをすることによって、合計の数値が変わります。例では、僅差ながら「病院・介護施設向け商品」の合計が、「一般消費者向け商品」の合計を上回りました。これならば、先ほど指摘された違和感が多少は緩和され、評価に参加された方々の期待に近づいているかもしれません。

ところで、この例では「1・5倍」や「0・5倍」といった係数を掛けましたが、係数の値について特に決まりはありません。いろいろな値で計算してみて、関係者の皆様が納得できるような（違和感が少なくなるような）結果が出るような係数を見つけていただければと思います。

なお、本書では、便宜上、「社内で合意・納得が得られるような評価結果をまとめる」↓「重みづけを考慮して評価結果を調整する」という順序で説明しましたが、最初からこのような係数を掛けて総合評価をまとめ、評価者の方々に確認してもらうほうが合理的な場合もあります。このあたりは柔軟に考えていただければと思います。

僅差だったらどうするか

さて、この例では、「病院・介護施設向け商品」が第1位、「一般家庭向け商品」が僅差で第2位となりました。評価結果の中身を見ていくと、顧客に対する影響という観点から、「病院・介護施設向け商品」がトップとなっていますが、これは会社全体の売上に対して事業規模が小さいため、収益面での影響が限定的となっています。また、競合がほとんどないことから、市場競争に対する影響も少ないと見られています。

逆に、これらの観点から数字が大きくなっているのが、「一般消費者向け商品」です。ＢＣＭの目的として、「お客様にご迷惑をおかけしないこと」が最優先ではありますが、そうは言っても商売をないがしろにすることはできません。そのような認識が評価結果に表れていると言えそうです。

このように、僅差になった場合にどうするかという点については、いくつかの選択肢があります。最もシンプルな考え方は、「たとえ僅差だろうとトップはトップ」と割り切って、「病院・介護施設向け商品」を最優先と決めることです。

ただし、この場合でも、「一般消費者向け商品」が僅差で2位であることはわかっていますから、「一般消費者向け商品」についても、「病院・介護施設向け商品」と同様に今後の検討を進めてBCPを作成しておくべきでしょう。

そして、事業中断が発生した際の対応においては、まず「病院・介護施設向け商品」を最優先とし、これらの復旧に支障のない範囲で「一般消費者向け商品」の復旧を進めるということになるかと思われます。

次にシンプルな考え方は、僅差のものを同等とみなして、「一般消費者向け商品」と「病院・介護施設向け商品」とを両方とも最優先だと決めることです。

これだと範囲が広過ぎると思われるかも知れませんが、少なくとも紅葉山食品においては、既にBCMの適用範囲を決める段階で、レトルト食品以外の商品を対象から除外しています。そして、さらにこの段階で、「飲食店向け商品」に対して優先順位が低いと評価されたのですから、優先順位づけとしては十分かもしれません。そして、これが「十分」と言えるかどうかは、企業の規模や会社全体の中での各製品群の割合などによります。

もし、「僅差なので片方に絞り込めないが、現状だと範囲が広過ぎる」ということであれば、もう1段階細かいレベルで評価することが有効となる場合があります。その場合は、まず「飲食店向け商品」は優先順位が低いものとして対象から外し、「一般消費者向け商品」と「病院・介護施設向け商品」について、さらに商品別に行を分けて、図表10のような表をつくり、これまでと同様の

【図表10　製品・サービス群を細分化したフォームの例】

製品・サービス群			
	顧客		
係数	1.5		
事業中断期間	1d	3d	1
一般家庭向け カレー			
一般家庭向け パスタソース			
一般家庭向け お粥			
一般家庭向け シチュー			
病院・介護施設 カレー			
病院・介護施設 お粥			
病院・介護施設 シチュー			

方法で評価していきます。

このように1歩踏み込んだレベルで評価を行うと、同じ「一般家庭向け」の中でも、商品ごとに評価が分かれる可能性があります。

例えば、売上全体におけるシチューの割合が小さかったら、「一般家庭向け」と「病院・介護施設向け」との両方でシチューの評価が低くなる可能性があります。また、「病院・介護施設向け」の中で、カレーだけは顧客側のニーズがさほど高くないということがわかれば、「一般家庭向けカレー」の評価は高いまま、「病院・介護施設向けカレー」だけ評価が低くなるかもしれません。

このような作業には、ある程度の試行錯誤が必要かもしれませんが、御社の事情に合わせていろいろ工夫しながら、関係者の皆様が納得できるような評価結果を見出していただきたいと思います。

これは「分析」と呼べるものなのか

「事業影響度分析」という用語の印象からは、様々な情報やデータを集めて分析した結果から、何らかの結論が導き出されるという手法を想像された方も多いと思います。

しかしながら、本書でここまで説明してきた手法では、従業員がもともと持っていた認識に合うようにデータを操作しています。もし、このようなことが科学の分野で行われたら、データの捏造となりかねません。したがって、これは果して「分析」と呼べるのかと疑問をお感じになった方もおられるでしょう。

これは、あくまでも筆者の私見ですが、本書の第3章の部分、すなわち「製品・サービスの優先順位をつける」という段階は、「分析」というよりは関係者の間で「何が起こることがどのくらい深刻か」という認識をすり合わせる、合意形成のための作業といえます。

ただし、漠然とした認識に基づいて話し合うのとは違って、各人が認識している深刻さの度合いを、主観的とはいえ数値化することによって、関係者間の認識の差を具体的に確認した上で、すり合わせができるようになります。

したがって、この作業は、「分析」とは呼びにくいかもしれませんが、製品・サービスの復旧に関する優先順位を決めるための根拠を具体的に見えるようにするための、とても重要な作業です。多少面倒でも、ある程度時間をかけて丁寧に取り組んでいただければと思います。

ちなみに、第4章で説明する部分は、製品・サービスを提供するためのプロセスや資源に関する事実関係を調べ、事業継続のための要件を見つける作業となりますので、「分析」という呼び方が違和感なく当てはまります。

2　復旧を後回しにすべき製品・サービスについてどうするか考えておこう

「後回し」の仕方にもいろいろある

前項までで説明した方法で、優先的に復旧すべき製品・サービスが明らかになりましたので、ここで選ばれなかった製品・サービスは、結果的に復旧を後回しにすべきということになります。また、言うまでもなく、ＢＣＭの適用範囲に含まれていない製品・サービスも後回しです。

ここで、一口に「後回し」といっても様々なレベルがありますが、概ね次の5通りが考えられます。

㋐　最優先の製品・サービスと同じようにＢＣＰをつくり、実際に災害などが発生したときにも同じように復旧を目指すが、もし復旧作業に必要な人手や設備などの資源が足りない場合は、その製品・サービスの復旧を後回しにする。

㋑　最優先の製品・サービスと同じようにＢＣＰをつくるが、実際に災害などが発生したときには、その製品・サービスの復旧を後回しにする。

㋒　その製品・サービスのＢＣＰの作成を後回しにする（最優先の製品・サービスのＢＣＰができてから、その製品・サービスのＢＣＰ作成に着手する）。

㋓　その製品・サービスのＢＣＰはつくらない。

㋔　その製品・サービスをＢＣＭの適用範囲から外す。

「BCPをつくらない」と決める

まず、前掲の㋔は、第2章で説明したBCMの適用範囲を決めた時点で、既に対象外となっているものです。したがって、本章で説明した作業の結果から「復旧を後回しする」ことが決まった製品・サービスをどのような扱いにするかは、前述の㋐～㋓の中から選ぶということになります。

もし、事業中断による何らかの悪影響が致命的な（つまり「5」が記入される）レベルになるまでに十分な時間がある場合は、㋓の「その製品・サービスのBCPはつくらない」が現実的な選択肢となります。紅葉山食品の例（100ページの図表9）では、「飲食店向け商品」がこれに該当します。このような判断ができれば、BCPをつくったり、つくられたBCPを維持管理する手間を減らすことができます。

この場合、その製品・サービスのBCPをつくらないと決めた理由を何らかの形で文書化し、経営層の承認を取っておくことを強くおすすめします。それは、どのような形であれ、文書化されていないと、その製品・サービスのBCPが「まだつくられていない」のか、「つくらないと決めた」のかがわからなくなるからです。

文書化の形式は、どのようなものでも構いません。何らかの会議の場で決めたのであれば、その会議の議事録に経営層のサインをもらうという形でもよいでしょう。もしくは、その製品・サービスのBCPをつくらない理由を説明するメールを経営層に送り、「了解しました」などの返信をもらうという形でもよいと思います。

ＢＣＰをつくる時期を遅らせる

紅葉山食品の例における「一般家庭向け商品」と「病院・介護施設向け商品」のように、優先順位が僅差であったり、悪影響が致命的なレベルに達するまでの時間があまり変わらない場合には、㋐〜㋒のいずれかから選ぶのが現実的です。

㋐および㋑と、㋒との間の違いは、単純にＢＣＰをつくるために人手や時間を割く余裕があるかどうかです。もし、御社でＢＣＰをつくるのが全く初めてであれば、まずは最優先の製品・サービスに関するＢＣＰをつくることに専念し、これが出来上がってから優先順位が低いほうの製品・サービスのＢＣＰをつくるほうがよいでしょう。

ＢＣＰをつくるという作業の経験がなく、勝手がわからないうちから扱う範囲を広げ過ぎると、思わぬところで混乱を招くことがありますので、最初はできるだけシンプルかつ小規模に始めたほうがよいと思います。

復旧を後回しにする

優先順位が比較的低い製品・サービスのＢＣＰも同時に作成できた場合であっても、事故や災害などが発生した際に、優先順位の低い製品・サービスの復旧を後回しにしたほうが、最優先の製品・サービスの復旧をより確実にできます。

ここで、特定の製品・サービスの復旧を後回しにする方法には、次の２通りがあります。

① ＢＣＰの中で「目標復旧時間」を遅めに設定する。

② ＢＣＰの中で設定する「目標復旧時間」には差をつけないが、実際に復旧作業に当たるときに状況に応じて復旧を遅らせる。

「目標復旧時間」については、110ページで詳しく説明しますが、大雑把に言うと、事故や災害によって事業中断が発生してから、どのくらいの期間までに復旧させることを目指すかを、あらかじめ決めておき、ＢＣＰに記載しておくものです。

右の①は、優先順位が比較的低い製品・サービスのＢＣＰに、遅めの目標復旧時間を書いておくというものです。例えば、最優先の製品・サービスに関するＢＣＰでは、目標復旧時間を2週間にしておき、優先順位が比較的低い製品・サービスに関するＢＣＰでの目標復旧時間を4週間と設定すれば、結果として復旧作業が後回しにされます。これは、105ページの㋑に相当します。

これに対して②は、ＢＣＰに記載する目標復旧時間は同じにしておき、事故や災害が発生したあとの状況に応じて、もし可能であれば同時復旧を目指すものです。ただし、事故や災害の状況を把握できた時点で、同時復旧が難しそうであれば、比較的優先順位の低い製品・サービスの復旧を遅らせることを、その場で判断するというものです。これは105ページの㋐に相当します。

これらのうちどちらの方法を選ぶべきかは、御社の状況によりますが、100ページの図表9のように優先順位が僅差であれば②を選ぶべきでしょう。しかしながら、復旧時に使える資源に余裕がない場合は、①を選んだほうが最優先の製品・サービスを確実に復旧できると考えられます。

復旧を後回しにすべき製品・サービスの扱いを決めるのが実は難しい

一般的にＢＣＭにおいては「最優先で復旧すべき製品・サービスを特定すること」が重要だと説明されることが多いのですが、実はそれ以上に重要で、かつ難しいのは、「優先的に復旧させない製品・サービスを特定すること」と、それをどのように扱うかを決めることです。

筆者の経験から申し上げると、最優先の製品・サービスを特定することは比較的簡単です。多くの場合、その企業における主力商品や花形商品が選ばれることが多く、これに関して社内で異論が出ることはあまりありません。

これに対して、復旧を後回しにする製品・サービスを特定したり、それをどのように扱うかを決める際には、難しい判断が求められます。それは、優先順位が比較的低い製品・サービスに関しても、早く復旧できるに越したことはないからです。

「やったほうがいいこと」や「やるべきこと」を「やる」と決めるのは簡単です。これに対して、「できればやったほうがいいこと」や「できるに越したことはないこと」を、あえて「やらない」と決めるのは困難です。そして、このような判断は、経営層にしかできません。なぜなら、「やらない」と決めた結果に対して責任を取らなければならないからです。

そして、「できればやったほうがいいこと」や「できるに越したことはないこと」に対して、それらをあえて「やらない」という判断をできた企業のほうが、ＢＣＭにかかるコストを全体として小さくできますし、最優先の製品・サービスに対して復旧作業のための資源を集中的に投入することによって、それらをより確実に復旧できるようになります。

3　災害が発生してから復旧までの時間を「目標」として決めよう

「目標復旧時間」とは何か

「目標復旧時間」とは、事故や災害によって事業中断が発生してから、どのくらいの期間までに製品・サービスの提供を再開させるべきかをあらかじめ決めておくものです。英語で Recovery Time Objective というので、頭文字をとって「ＲＴＯ」と呼ばれます。

ＢＣＰをつくる際には、製品・サービスごとに目標復旧時間を設定し、それをＢＣＰに記載するのが原則です。

なぜこのような目標を決める必要があるかというと、復旧作業に当たる関係者の間で、「どのくらいのスピード感で復旧作業に当たるか」という認識を共有し、足並みを揃えるためです。

例えば、２週間程度で復旧させるべき製品・サービスに対して、「何としてでも明日までに復旧させなければ」と思い込んで、夜を徹して復旧作業に当たるような人がいたら、必要以上に無理して体調を崩したり、場合によっては事故につながるような事態になりかねません。

逆に、もし「１か月程度で復旧できれば十分」という認識の人がいると、本来復旧すべき時期までに復旧できなくなる可能性があります。

このような事態を避けるために、関係者間で足並みを揃え、必要以上に無理することなく、かつ必要な期間内に復旧できるよう、目標復旧時間を周知し、これを基準として進捗管理を行います。

本節では、その目標復旧時間を決める方法について説明していきますが、目標復旧時間の決め方のよし悪しがＢＣＰの使い勝手や有効性を大きく左右しますので、これはＢＣＭの中でも特に重要なテーマの１つです。

そこで本書では、目標復旧時間を決めるための具体的な手順の説明に入る前に、前提条件や考え方の部分について、若干のページを割いて説明したいと思います。少し前置きが長くなりますが、この部分をしっかり理解してから、次に進んでいただければ幸いです。

目標復旧時間を決める際の前提条件をどうするか

目標復旧時間を決める際によく議論になるのが、事故や災害によってどのような状況になることを前提として目標復旧時間を設定すべきかという問題です。

目標復旧時間は、御社にとって実現可能な目標でなければなりません。しかしながら、御社の事業所だけで火災が発生したような場合と、事業所周辺一帯で大規模な災害が発生した場合とでは、御社にとって実現可能な復旧期間は大きく異なるでしょう。そこで、どのような状況になることを前提として目標復旧時間を考えればよいのかということが重大な問題となり得ます。

この問題に関しては、ＩＳＯ規格をはじめ国際的に認められているガイドラインなどでは、特にヒントや推奨事項などが示されていませんので、筆者がこれまで実践してきた中から最もおすすめできる方法をご紹介します。

それは、「御社以外では何も発生してない平和な状況で、ただ御社からの製品・サービスの提供だけができなくなった」という最もシンプルな状況を前提とする方法です。

このとき、御社で製品・サービスの提供ができなくなった原因については特に設定せず、単に「提供できなくなった」ことだけを前提とします。製造業であれば、原因は考えず、とにかく「製品を出荷できなくなった」という結果だけを考えます。

実は、このような考え方が苦手な方もかなりいらっしゃいます。特に生産部門など現場の近くで仕事をされている方や、実務経験が長い方ほど、原因と結果とをセットで考えることが習慣となっている場合が多いものです。そのような方々にとっては、原因と結果とを切り離して論理的に考えるのは、慣れるまで時間がかかるかもしれません。

そのような状況であってもなお、原因と結果とを切り離して考えるようにしないと、ＢＣＰをつくるための議論が発散して収拾がつかなくなったり、柔軟性に欠けるＢＣＰができてしまったりします。なぜそのようなことが起こるのか、次節で説明していきます。

もし事業中断の原因と結果を具体的に想定しようとしたらどうなるか

仮に、大規模な地震によって御社からの製品・サービスの提供ができなくなってしまった状況を考えてみましょう。このとき、御社の事業中断はどのくらい続くでしょうか。

地震による被害の程度を推測するときには、地元自治体による被害想定（第1章「御社における災害のリスクを総合的に把握しておこう」でご紹介しました）が役に立つと思われそうですが、そこに書いてあるのは地域全体に対する被害想定であり、その結果として御社の事業所がどうなるかは、ご自分で推測しなければなりません。

御社の建物や設備は、どのような被害を受けるでしょうか。停電になるでしょうか。停電するとしたら何日くらい続くでしょうか。従業員の皆様は無事でしょうか。出社して仕事ができる方々がどのくらいいらっしゃるでしょうか。サプライヤーや業務委託先は御社と同時に被災するでしょうか。顧客は御社と同時に被災するでしょうか。

もし、顧客が被災していなければ、普段どおりの製品・サービスの提供が期待されるかもしれませんが、もし顧客が御社と同時に被災していたら、御社からの製品・サービスの提供が滞ってもあまり問題にならないかもしれません。

さらに、顧客がどのくらい待ってくれそうか（許してくれそうか）という観点もあります。大規模広域災害であれば、長期間の事業中断もやむを得ないと思ってもらえる可能性がありますが、もし災害の規模があまり大きくないのに、御社の備えが不十分だったために事業中断が長引いたとしたら、顧客もあまり寛容ではいられないかもしれません。

このように、災害が発生した結果を具体的に考えるためには、検討すべき条件があまりにも多く、しかもその多くは偶然に左右されます。したがって、災害が発生した結果を具体的に想定するということは、非常に多くの選択肢の組合せの中から1つを決め打ちで選ぶ、ギャンブルのようなものです。

そして、想定を具体的にすればするほど、実際に災害が発生したときに、想定と異なる結果になる可能性が高くなります。つまり、「想定外」となる可能性が高まるのです。

どうせ当たらないのであれば、事前に具体的な想定に基づいて固定的なＢＣＰにするよりは、前述のように最もシンプルな前提条件に基づいて目標復旧時間を決めておき、実際に事業中断が発生したときの状況に合わせて対応できる、フレキシブルなＢＣＰにすべきです。

次節では、これをどのように実現していくかを具体的に説明します。

ＢＣＰに書き込む目標復旧時間はあくまでも「仮の目標」と考える

既に説明したとおり、目標復旧時間を設定する際には、「御社以外では何も発生してない平和な状況で、ただ御社からの製品・サービスの提供だけができなくなった」という最もシンプルな状況を前提とする方法を筆者はおすすめしています。

ところが、読者の皆様もお気づきのとおり、実際にこのような状況になることはほとんどないでしょう。したがって、これは、あくまでも仮の目標復旧時間として扱います。

そして、この「仮の目標」をいつ確定させるかというと、それは実際に事故や災害などが発生して事業中断に陥ったときです。

事故や災害が発生したら、まず社内外の状況把握を行います。大規模な災害であれば、状況把握だけでも半日以上かかるかもしれません。電話やインターネットなどの通信が途絶したら、顧客やサプライヤーの状況を把握できるまでは2、3日かかる可能性もあります。

そして、把握できた状況を踏まえて、ＢＣＰに書かれている目標復旧時間を必要に応じて修正し、社内に周知します。

このときＢＣＰの文書を改定する必要はありません。社長（もしくは災害対策本部長）など権限や責任を有する立場の方から、「今回の事業中断に関する目標復旧時間」を、何らかの形で周知すればよいでしょう。

110ページで述べたとおり、目標復旧時間を決める最大の目的は、復旧に向けた活動の中で関係者間の足並みを揃えることです。したがって、事業中断が発生した後に修正された目標復旧時間が確実に周知され、これを基準として進捗管理が行われればよいのです。

このように、ＢＣＰに書かれた目標復旧時間をあくまでも仮の目標とし、事故や災害が発生した後の状況に応じて目標復旧時間を修正するという前提にしてあれば、様々な事故や災害に対応しやすいフレキシブルなＢＣＰになります。

実際にフレキシブルに対応できるようにするためには、ＢＣＰのつくり方をそれに合わせて工夫し、かつ様々な想定での演習に取り組む必要がありますが、これらについては第6章、第7章で説明していきます。

製品・サービスに対する目標復旧時間の決め方

さて、前置きが長くなりましたが、ようやくここから目標復旧時間を決める方法について、再び紅葉山食品の例を使って説明していきます。

紅葉山食品で製品・サービスを復旧させる際の優先順位を検討したときには、図表9を使いました（説明の便宜上再掲しておきます）。

図表9の中でそれぞれの製品・サービスの提供が中断されることによって、その影響が「致命的」なレベルとなるのが最も早いところを探します。この図表9は5段階評価でつくりましたので、「5」

【図表9　係数によって重みづけを行った評価結果の例】

製品・サービス群	製品の提供が中断された場合の影響の大きさ（1〜5）																計
	顧客				収益				ブランド				市場競争				
係数	1.5				1.0				0.5				1.0				
事業中断期間	1d	3d	1w	1m	1d	3d	1w	1m	1d	3d	1w	1m	1d	3d	1w	1m	
一般家庭向け商品	1.5	1.5	1.5	3	1	2	2	3	0.5	1	2	2	1	3	4	5	34
飲食店向け商品	1.5	1.5	3	4.5	1	1	2	2	0.5	1	1	1.5	1	1	2	4	28.5
病院・介護施設向け商品	3	4.5	6	7.5	1	1	2	2	0.5	0.5	1	1	1	1	2	2	36

が記入されているところが「致命的」と評価された箇所です。

ただし「顧客」と「ブランド」については、重みづけのために係数を掛けてありますので、「顧客」においては7・5、「ブランド」においては2・5が致命的なレベルということになります。

紅葉山食品においては、まず一般家庭向け商品については「市場競争」の観点から、また病院・介護施設向け商品については「顧客」の観点から、事業中断が1か月続いたら致命的な悪影響が発生すると考えられています。したがって、これらの製品群に関しては、何としてでも1か月以内に復旧させたいということになります。

このように「何としてでも復旧させたい」期間のことを「最大許容停止時間」といいます（英語ではMaximum Tolerable Period of Disruptionというので、頭文字をとってＭＴＰＤと呼ぶこともあります）。

次に、この最大許容停止時間より手前に目標復旧時間を設定します。例えば、「病院・介護施設向け商品」の最大許容停止時間は1か月です。これに対して、「顧客側での悪影響が致命的になる前に間に合えばよい」と考えれば目標復旧時間は1か月になりますが、「顧客側での悪影響をできるだけ小さくしたい」という判断から、目標復旧時間を2週間程度に前倒しして設定することも考えられます。

このあたりは、会社としての考え方次第ですので、どちらにすべきという話でも、どちらかがよい／悪いという話でもありません。最大許容停止時間は、状況認識の結果から導かれるものですが、これに対して目標復旧時間は自らの意思で決めるものなのです。

目標復旧時間を決める際の3つのポイント

ここで、目標復旧時間をどのくらいにするかを決めるときのポイントは、次の3つです。

① 最大許容停止時間より短くなければならない。

② 実現可能な目標でなければならない。

③ 最初から確定できるとは限らないので、後から修正される前提で決める。

①は、目標復旧時間を決める上での最大のルールと言ってもいいでしょう。最大許容停止時間を過ぎると致命的なレベルの悪影響となるわけですから、そうなる前に復旧させることを目指すのが大前提となります。

また、建前や精神論ばかりが先行して、実現できそうにない目標を設定してしまうと、絵に描いた餅となりかねません。既に述べたように、目標復旧時間を決める目的は、復旧活動において関係者間で共通認識をつくって足並みを揃えるためです。もし、無理な目標が設定されてしまうと、足並みも揃えられなくなりますので、②の「実現可能な目標」というのが非常に重要です。

顧客から無理な要求が来たときはどうするか

取引関係によっては、災害などが発生した後の復旧時期などに関して、顧客からの要求があるかもしれません。このような場合には、特に建前優先の目標復旧時間にならないよう注意が必要です。例えば、実現可能な目標復旧時間が2週間である場合に、顧客から被災後1週間以内での納品を求められたとします。ここで顧客からの要求をそのまま受け入れて、目標復旧時間を「1週間」と決めてしまうと、まさに絵に描いた餅になってしまいます。

もちろん、目標復旧時間を決める際に、顧客からの要求事項は考慮すべきです。しかし、要求をそのまま目標復旧時間として設定するのではなく、「顧客から要求されているレベルには達していない」ことを何らかの形で明記した上で、実現可能な目標復旧時間を設定する必要があります。そして、顧客から要求されているレベルを実現するためにどうすべきかを、今後の課題として設定し、改善していくべきでしょう。

目標復旧時間は、顧客に対する約束ではありません。仮にそのような状況であっても、ＢＣＰは顧客に見せる必要はありませんし、目標復旧時間をどのくらいに設定しているかを知らせる必要もありません（見せろと言われたら、重要な秘密情報だと言って断ればいいのです）。

顧客に対する説明の仕方は別途考えるとして、目標復旧時間はあくまでも社内向けの目標として、現実的なものにしてください。

目標復旧時間は後から修正される前提で決める

ところで、実際に決めた目標復旧時間が実現可能かは、どうすれば確認できるでしょうか。

比較的小規模な企業や事業構造がシンプルな企業であれば、社長や幹部職員の方々の経験則で、ある程度は推測できるかもしれません。しかし、現時点（本章で説明されている検討内容の段階まで）では、その目標復旧時間が実現可能かどうかを確認する根拠がまだ得られていないはずです。

したがって、この段階では、まず経験則などに基づいて、ある程度は感覚的に目標復旧時間を決めるしかありません。そして、今後、第4章、第5章、第7章で説明するような作業を進めていくと、その結果から目標復旧時間を見直すべき根拠が得られる場合があります。その場合には、目標復旧時間の見直し・修正を検討してください。これが前掲の③で「最初から確定できるとは限らない」と述べた理由です。

このような手戻りによって目標復旧時間を修正したとしても、それまでに行った作業がすべて無駄になるわけではありません。経営層や関係者との間での説明や合意形成は必要になりますが、作業そのものは多少の手直し程度ですむ場合が大半です。

御社にとって役立つＢＣＰをつくるために、ぜひ、ためらわずに見直し・修正を進めていただければと思います。

4　最悪の事態を想定すべきか

さて、以上の検討で製品・サービスに対する目標復旧時間が決まりました。次章からは製品・サービスを顧客に提供するためのプロセスや、そのために必要な資源の分析へと進むのですが、この目標復旧時間の設定やそのための前提条件に関しては、「最悪の事態を想定すべき」と説明されることがよくあります。

そこで、本章の最後に、このような考え方に対する筆者の見解を併せてお伝えしたいと思います。これは、あくまでも参考であり、かつ筆者個人の意見ですので、ご興味のない方は読み飛ばしていただいても差支えありません。

一般的に、危機管理や緊急事態対応においては、事態が望ましくない方向に進んでいくことを常に想定して準備、判断、行動すべきだと言われます。筆者自身も、このような一般論として、「最悪の事態を想定すべき」という考え方はとても重要だと思います。

しかしながら一方で、ＢＣＭにおいて目標復旧時間を具体的に検討するときに、「最悪の事態を想定すべき」という考え方を取り入れるのは、現実にはかなり難しいと思います。主な理由は、次の２つです。

① 「最悪の事態」を見極めるのが難しい。
② 実際にはそのような「最悪の事態」にならない可能性のほうが高い。

そもそも「最悪の事態」を想定できるのか

まず①についてですが、私たち（筆者自身も含みます）が想像できる「最悪の事態」というのは、せいぜい「過去に発生した事象のうちで最悪」くらいのレベルだと思います。

ちょっと振り返ってみていただきたいのですが、2010年以前に、東日本大震災のような巨大な地震や津波があの地域で発生することや、日本の原子力発電所で炉心溶融が発生することを想定していた人がどれだけいたでしょうか（少なくとも電力会社では想定されていなかったようですが）。

あるいは、高層ビルにジェット旅客機が2機も突っ込むことを、2000年以前に誰が想定していたでしょうか。

災害とは、常に私たちが想像できる範囲を超えて発生するものです。かといって、全面核戦争とか、日本沈没のような事態を想定するというのも現実的ではないでしょう。確かに、これらは「最悪の事態」かもしれませんが、このように日本そのものが消滅するような状況になってしまったら、企業単体の事業継続を考えても意味がありません。

このように考えると、「事業継続を考える意味がある範囲で最悪の事態」という、かなり際どい、ある意味で都合のいいレベルの事態を想定すべきだということになります。そのようなものが果して具体的に想定できるのでしょうか。

これが、先ほど①で「最悪の事態」を見極めるのが難しいと指摘した理由です。

もし仮に御社にとっての「最悪の事態」を想定できたとしても…

もっとも、このような議論は、屁理屈だと思われる方もいらっしゃると思いますので、仮に御社にとって「最悪の事態」というものが想定できたとして、別の観点を検討してみたいと思います。もし、現時点で、御社にとっての「最悪の事態」がまだ想定できていなければ、ひとまず南海トラフ巨大地震のような災害を「最悪の事態」だと考えてこの先を読み進めていただいても結構です。

仮に御社にとっての「最悪の事態」が想定できたとすると、次に問題になるのは目標復旧時間を決める際の前提条件をどのように具体的に決めるかです。

目標復旧時間というのは、具体的な指標であるため、これを決める際の前提条件も「漠然と最悪な状況」というわけにはいかず、具体的である必要があります。

これを具体的に検討しようとすれば、112ページの「もし事業中断の原因と結果を具体的に想定しようとしたらどうなるか」で説明したように、様々な条件の組合せを考える必要があるでしょう。そして、それらの多数の組合せの中から、その企業にとって具体的に最悪の結果となるパターンを見つけることもできるかもしれません。

しかし、このような方向に検討を進めていくと、114ページで既に述べたように、実際に災害が発生したときに想定とは異なる結果となる可能性が高くなります。

したがって、いくら具体的に「最悪の事態」を検討したとしても、実際に事故や災害が発生したときには、そのとおりの「最悪の事態」にならない可能性のほうが高いため、いずれにしても実際の状況を踏まえて目標復旧時間を修正するという運用が必要になります。

そのような運用を行う前提で考えるならば、筆者が111ページから紹介している方法でシンプルな前提条件に基づいて目標復旧時間を決めたほうが楽であり、かつフレキシブルに対応しやすいＢＣＰをつくることができます。

演習においては困難な状況を想定する

最後に、念のために一応付け加えさせていただくと、ＢＣＭにおいて「最悪の事態」とは言わないまでも、困難な状況になるような様々な可能性を考え、想定することは非常に重要です。ただし、それはＢＣＰをつくるときよりも、むしろＢＣＰに基づいて演習を行うときに必要になります。

演習の実施方法については、第7章で具体的に説明しますが、演習を実施する際には、必ず演習開始時の状況を「場面設定」として定め、そのような状況においてＢＣＰに基づいてどのように判断・行動するかを検討し、その結果がどうなるかを考えます。

このとき、ある程度困難な場面設定にしたり、判断・行動が適切に行われなかった場合にどのような問題が発生し得るかを議論したりすると、現在のＢＣＰに対して改善すべき箇所や準備状況の不備などが見つかりやすくなります。

ＢＣＰをつくる前の段階で想定の検討に時間をかけるよりは、むしろその時間を演習のほうに使って、様々な想定で演習をこなしたほうが、結果的にはより強固なＢＣＰになるとお考えください。

第４章
御社の「事業継続上の弱点」を見極めよう

1　本章での分析作業の流れ

分析・評価の進め方

第3章では「事業影響度分析」（ＢＩＡ）のうち、優先的に復旧させる製品・サービスを選び、それらに関する目標復旧時間を決めるところまでを説明しました。

本章でも、引続き次のような分析・評価に関する説明を段階的に進めていきます。

㋐　製品・サービスを顧客に届けるためのプロセスを整理する
㋑　プロセスに対する目標復旧時間を決める
㋒　各プロセスに必要な資源を把握する
㋓　事業中断リスクが集中している資源を把握する
㋔　資源が使えなくなった場合のリスクを評価する

プロセスに対する事業影響度分析

右の㋐～㋒は、プロセスに対する事業影響度分析です。

ここで、「プロセス」については、「工程」と読みかえても構いません。呼び慣れた用語を使っていただければ結構です。何らかの処理をすることによって、入ってきたものの形を変えたり、付加価値をつけたりして送り出す一連の活動を「プロセス」または「工程」と呼びます。

工場であれば、素材を加工したり、部品を組み立てて製品をつくる工程などが含まれます。事務作業においても、電話で聞き取った内容から伝票を起こしたり、在庫数量を確認して発注数量を決めるような作業もまた、「プロセス」ということができます。

なお、右の各段階のうち、㋐、㋑は社内の業務の仕組み次第では省略できる場合があります。

読者の皆様の中には、御社でこれからＢＣＰをつくろうとしている製品・サービスに関して、「プロセス」がイメージできないと思われた方もいらっしゃると思います。

例えば、データセンターで顧客のシステムを運用している場合や、土地や建物などの不動産を貸している場合などは、平常時にサービスを提供するためのプロセスがありません。このような場合は㋐、㋑の部分が省略できますので、㋒に相当する「必要な資源を把握しよう」（135ページ）に進んでください。

ただし、そのような場合であっても、臨時的な業務に関してはプロセスが存在します。例えば、データセンターにおける、顧客からのリクエストに基づく設定変更やトラブル対応業務などです。このような業務がＢＣＰの対象となる場合には、右の㋐、㋑が必要になる可能性があります。

資源に対するリスクアセスメント

プロセスに対する事業影響度分析で各プロセスに必要な資源が把握できたら、それらの資源に対して㋓、㋔のような作業を進めていきます。これらは、国際規格ＩＳＯ２２３０１では「リスクアセスメント」と呼ばれています。

リスクアセスメントという用語自体は、ＢＣＭ以外の分野でも一般的に使われていますので、読者の皆様の中にもご存知の方が多いのではないかと思いますが、ＢＣＭの中でリスクアセスメントを行う際に知っておいていただきたいポイントがいくつかありますので、それらも本章でご紹介していきます。

本書でモデルとしている「紅葉山食品」では、第3章までで「病院・介護施設向け商品」を最優先に復旧させることを決めていますので、本章ではこれに絞って分析を進めていくという流れで説明しますが、僅差で2位となっている「一般家庭向け商品」についても、同様に分析を進めていくとお考えください。

2　製品・サービスを顧客に届けるためのプロセスを整理しよう

プロセスに関する情報を集める

まず、分析対象となっている製品・サービスを顧客に届けるためにどのようなプロセスがあるか、社内で情報を集めます。

もし、工場などで工程表がつくられていたり、業務の手順書やフローチャートなどがあれば、非

【図表 11　プロセス分析の例】

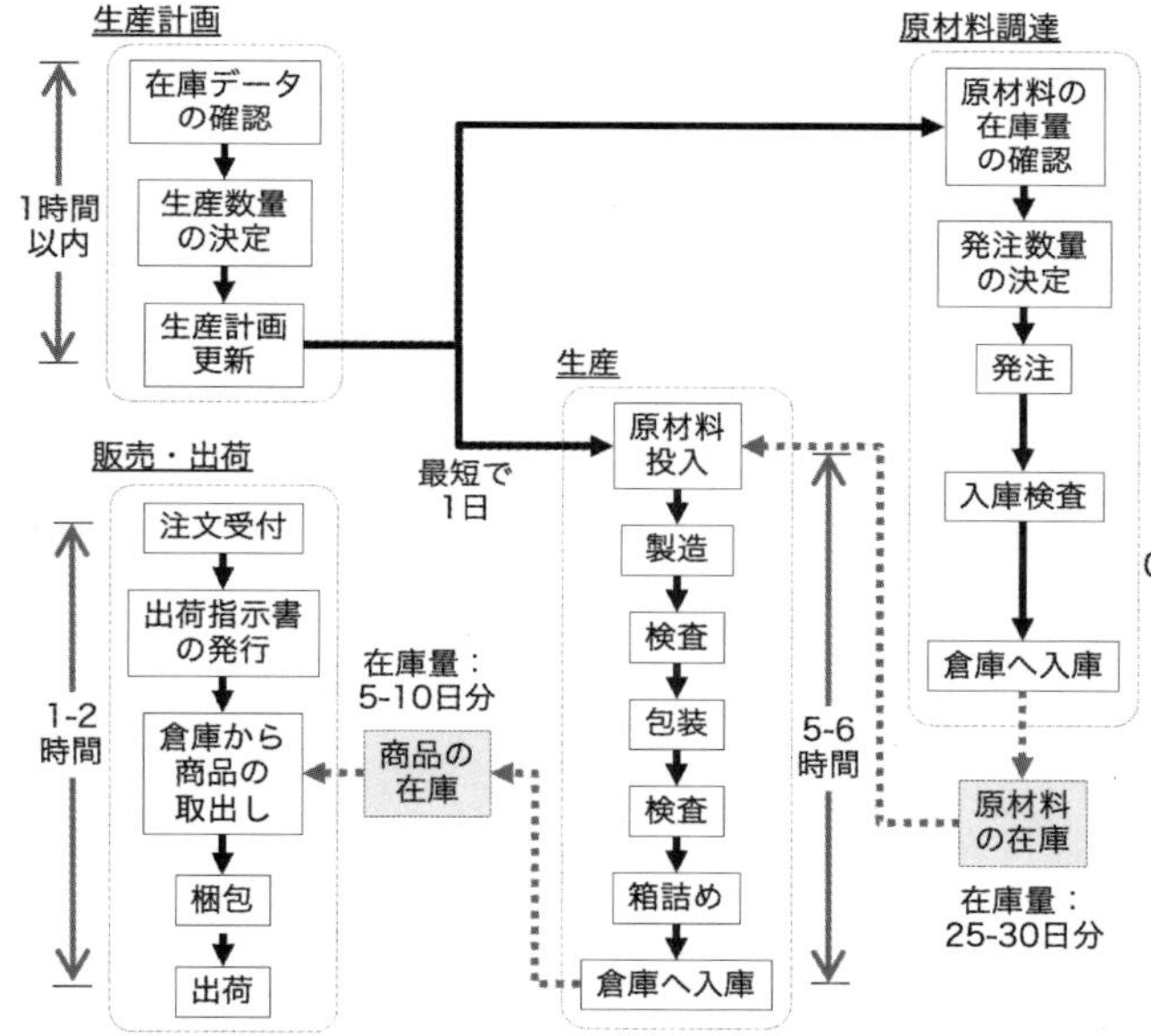

常に有用です。

そのような資料がない場合には、実務を担っている方々に聞取りを行うなどの方法で、どのようなプロセスがあるかを把握します。

集めた情報は、各プロセス間の前後関係や依存関係、所要時間や時間的制約などがわかるように、表またはフローチャートとして整理します。

図表11は、紅葉山食品で「病院・介護施設向け商品」を顧客に提供するためのプロセスの分析例です。

このような図をつくるためにはどのような情報が必要か、というふうに考えながら情報を集めるようにしていただくと、効率よく進められるのではないかと思います。

図表11の左下にある「販売・出荷」という部分は、顧客からの注文を受けてから商品を出荷するまでの一連のプロセスで、注文を受けてから出荷するまで、通常は1～2時間程度で完了することを表しています。

このような処理をするためには、商品の在庫が常に十分残っている必要があります。そこで、図表11の左上の「生産計画」という部分で、商品の在庫量に応じて生産計画を更新し、図表11の中央の「生産」という部分で商品を生産して、完成した商品を倉庫に入庫するという業務が必要になります。

また、商品を生産するためには原材料が必要ですので、図表11の右側の「原材料調達」の部分で、原材料の在庫量に応じて発注をかけ、原材料在庫を常に適切に保つという業務があります。

なお「生産」と「販売・出荷」との間にある「商品の在庫」や、「原材料調達」の下にある「原材料の在庫」は、商品や原材料が在庫されていることを示すブロックですので、これらはプロセスではありません。

しかしながら、プロセスの途中に商品や資材、仕掛品などの在庫が保管されている場合については、これらがプロセス間の制約条件を大きく左右するケースがありますので、漏れなく把握してください。

実際には、これら以外にも梱包資材の調達、顧客への請求、調達した資材や輸送業者への支払処理など様々な業務が存在するはずですが、今回の例では便宜上それらを省略してあります。

プロセス間の制約条件を調べる

図表11のような図が書けるくらいの情報が集まったら、各プロセスの間での制約条件を調べていきます。

最も簡単な制約条件は、プロセス間の前後関係です。例えば、左下の「販売・出荷」に含まれる各プロセスを実行するためには、その直前のプロセスが実行され、完了している必要があります。つまり、これらのプロセスのうち1つでも実行不可能になったら、実質的には「販売・出荷」全体が止まります。

一方、「生産」の最後にある「倉庫へ入庫」というプロセスと、「販売・出荷」の中央にある「倉庫から商品の取出し」はどうでしょうか。これらは前後関係ではありますが、これらの間に商品の在庫がありますので、仮に「倉庫へ入庫」というプロセスが完了できなくなったとしても、商品の在庫がある間は「倉庫から商品の取出し」を実行できます。つまり、中間に在庫があるおかげで、制約条件が少し緩くなっているのです。

なお、「原材料調達」の中には、待ち時間が発生するプロセスがあります。「発注」と「入庫検査」の間に「5―10日」と書かれていますが、これは原材料をサプライヤーに発注してから届くまでの納期を表しています。つまり、「発注」プロセスが完了した後、「入庫検査」を実行できるようになるまで5―10日待たなければならないということになります。

このように、製品・サービスを提供するための一連のプロセスの中で、在庫や待ち時間など時間的な制約に影響を及ぼす要素を漏れなく調べます。

各プロセスの目標復旧時間を導き出す

第3章では、優先的に復旧させる製品・サービスに対して「目標復旧時間」を決めましたが、前述のようなプロセス間の制約条件がわかれば、プロセスごとの目標復旧時間がわかるようになります。

ちょっと面倒だと思われるかも知れませんが、これを確認しておくと、実際に事業中断が発生した場合に、どのプロセスから先に復旧作業を進めるべきかという優先順位を判断するときに役立ちますので、平常時のうちに確認しておくことをおすすめします。

まず、「紅葉山食品」で「病院・介護施設向け商品」の目標復旧時間を「3週間」に決めたとします。この目標を達成するためには、事業中断が発生してから3週間以内に商品を出荷できるようになる必要がありますので、まず「販売・出荷」に含まれる一連のプロセスに関する目標復旧時間は、商品の目標復旧時間と同じ「3週間」となります。ここでは復旧作業を休日返上で行うと考え「7日×3週＝21日」とします（緊急事態においても労働法や就業規則、労使協定などを遵守する必要がありますし、働き詰めでは従業員の心身のトラブルになりかねないので、交代で代休をとらせるなどの措置を講じる前提です）。

次に、「販売・出荷」の前工程となる「生産」について考えます。先ほど確認したとおり、商品の在庫がある間は生産工程が止まっていても商品を出荷できますので、「生産」の目標復旧時間はその分長くなります。在庫量は若干変動しますが最小値をとって、常に少なくとも5日分は商品の在庫があると考えれば、「生産」の目標復旧時間は「21日＋5日」となります。ただし、「原材料投入」から「倉庫へ入庫」まで6時間程度かかるため、生産活動が1日早く再開されていないと間に合わないかも知れませんので、「生産」の目標復旧時間を「21日＋5日－1日＝25日」とします。

さらに、「生産」から前工程に遡って「原材料調達」について考えますが、前述のとおり「発注」と「入庫検査」との間に待ち時間があるので、ここで2つに分けて検討する必要があります。

まず、原材料の在庫量が、常に少なくとも25日分はあると考えれば、「入庫検査」～「倉庫へ入庫」を25日間実行できなくても「生産」は実行可能ということになります。

したがって、「原材料調達」のうち「入庫検査」～「倉庫へ入庫」の部分の目標復旧時間は、「生産」の目標復旧時間に在庫量の日数を加えて、「25日＋25日＝50日」となります。

次に、「原材料の在庫量の確認」～「発注」について考えます。「発注」の後、原材料が納品されるまで最長で10日程度かかる可能性があることから、これを先ほどの日数から引いて「50日－10日＝40日」となります。

ここで、在庫に関しては少ないほうの日数を使いましたが、待ち時間に関しては長いほうの日数を使ったことに注意してください。これらのように見込日数に幅がある場合には、都合の悪いほうの数字を採用して検討しておくということです。

最後に「生産計画」について考えます。「生産計画更新」というプロセスの後には、「原材料投入」と「原材料の在庫量の確認」という2つの後工程がありますが、これらのうち「生産」に含まれる「原材料投入」のほうが目標復旧時間が短い（先に復旧させる必要がある）ことから、こちらを基準として考えます。「生産」の目標復旧時間が25日で、「原材料投入」の1日前までに「生産計画更新」を済ませておくべきだと考えると、「25日―1日＝24日」となります。

各プロセスの目標復旧時間を導き出すことの意義

以上のような検討の結果、各プロセスの目標復旧時間は次のようになりました。

- 原材料調達（発注まで）　40日
- 原材料調達（入庫検査以降）　50日
- 生産計画　24日
- 生産　25日
- 販売・出荷　21日

いかがでしょうか。「生産」から後に関しては大差はありませんが、原材料調達に関しては比較的余裕を持って復旧作業に当たれることがわかります。

このようなことが事前にわかっていれば、「生産」や「販売・出荷」に関して休日返上で復旧作業にかかる一方で、「原材料調達」を担当する従業員にはしっかり休日をとらせたり、「生産」や「販売・出荷」の復旧活動の応援に回したりして、会社全体としての復旧活動を最適化させることができるようになります。

もちろん、実際には、このように理屈どおりにいかないという面もあると思いますし、どの工程に重大な被害が発生したのかによって、作業の段取りは大きく異なります。しかし、このような条件があらかじめわかっていれば、事業中断が発生した後に臨機応変な対処をする際にも役立ちます。

3　必要な資源を把握しよう

ＢＣＭで考える「資源」とはどのようなものか

プロセスが概ね整理できたら、各プロセスを実行するために必要な資源を把握していきます。

一般的に、企業の経営に必要な資源は、「ヒト・モノ・カネ・情報」などと言われます（「経営資源」と呼ばれることも多いです）。事業継続マネジメントにおいても、製品・サービスを提供するために必要な「ヒト・モノ・カネ・情報」は何かを考えます。

事故や災害などが発生した際に企業が事業中断に陥るのは、製品・サービスを提供するための資源が使えなくなってしまうからです。したがって、中断されてしまった事業を再開させるためには、使えなくなった資源を復旧させるか、もしくはその代わりを用意すればよいということになります。

そこで、事業継続マネジメントでは、優先順位の高い製品・サービスを提供するために必要な資源を網羅的に把握します。

事業継続マネジメントに関する国際規格ＩＳＯ２２３０１では、必要な資源を漏れなく把握できるよう、事業継続において考慮すべき資源が次のように例示されています（出所：日本規格協会「JIS Q 22301:2020（ISO 22301:2019）セキュリティ及びレジリエンス―事業継続マネジメントシステム―要求事項」）。

・人
・情報およびデータ
・建物、職場、その他の施設などの物理的インフラストラクチャー、および関連するユーティリティ
・設備および消耗品
・情報通信技術（ＩＣＴ）システム
・交通手段および輸送手段
・資金
・パートナーおよびサプライヤー

ここで「人」には、作業に必要な人手（マンパワー）という意味と、必要な技術や権限を持っている人という意味の両方が含まれます。

また、「情報およびデータ」と「情報通信技術（ＩＣＴ）システム」とが別々の資源として整理されていることに留意してください。これらは混同されがちなのですが、情報さえ読めれば仕事を

続けられるのか、それともシステムが動いていないと無理なのかは、区別する必要があります。

「資金」は、もちろん企業存続のために不可欠なものですが、事業継続マネジメントの実務において、特に事業中断が発生した際の対処方法を検討する際に、お金のことを考える場面はあまり多くありません。

「パートナーおよびサプライヤー」は、業務委託先や、原材料などを調達するサプライヤーなどが該当します。これらはいずれも社外ですので、「資源」と呼ぶことには違和感があるかも知れませんが、業務の内容によってはプロセスの実行に欠かせない存在となりますので、たとえ外部であろうと、事業継続マネジメントにおいては「資源」として扱います。

各プロセスごとに資源を洗い出す

製品・サービスを提供するために必要な資源を漏れなく洗い出すために、筆者は図表12のようなフォームを使うことをおすすめしています。

この例は図表11の左下にある「販売・出荷」に含まれる「梱包」というプロセスで使われている資源について書き出してみたものです。

フォームの左側にある「資源の種別」という列には、「ISO22301」で例示されている資源の種別が入れてあります。これらに対して、実際にこのプロセスで使われている資源を、その右隣の「資源」という列に書き込んでいきます。もし、その種別に該当する資源がなければ「なし」

【図表12　資源特定フォームの例】

記入者		記入日	
対象製品・サービス		病院・介護施設向け商品	
部署名	直販部物流課	プロセス名	梱包工程

資源の種別	資源	現時点で可能な代替策
人	梱包工程責任者	他工程責任者が兼務可能
情報および データ	出荷データ	
建物、職場、 施設、インフラ、 ユーティリティ	倉庫、電力	
設備および消耗品	ラベルプリンター、 ラベル用紙、 梱包資材	ラベル用紙は運送会社から支給、梱包資材は汎用品なので容易に入手可能
情報システム	販売管理システム	
交通手段および 輸送手段	（なし）	
資金	（なし）	
パートナーおよび サプライヤ	梱包作業員 （構内外注）	作業手順を説明すれば アルバイトで対応可

と記入します。

このように、ＩＳＯ規格で例示されている資源の種別と照らし合わせながら書き出していくことによって、見落としを防ぐことができます。

また、書き出された資源の中で、もし仮にその資源が今日使えなくなったとしても、他の方法で容易に代替できるものがあれば、右側の「現時点で可能な代替策」にその方法を記入します。

例えば、図表12の下端にある「パートナーおよびサプライヤー」という行は、平常時は梱包作業が外部業者に委託されており、もしこの外部業者が業務を遂行できなくなっても、アルバイトを雇用して作業手順を説明すれば梱包作業を実施可能であるという想定で書かれています。

このように、現時点で既に容易に代替できる資源に関しては、これ以上の検討作業を進める必要がありませんので、これ以降の分析作業の対象から外します。つまり、図表12では、「出荷データ」、「倉庫」、「電力」、「ラベルプリンター」、「販売管理システム」の５つが、さらに分析を進めるべき資源ということになります。

ところで、図表12は、「梱包」というプロセスを対象として書いてありますが、すべてのプロセスに対して同じように詳細に書き出すのは大変なので、状況に応じてもう少し大きな単位を対象としても構いません。

例えば、図表11の中では、「生産計画」の部分は比較的シンプルなので、「生産計画」という大きな単位で1枚のフォームをつくるほうが現実的かもしれません。

一方で、「生産」に関しては、これに含まれる個々のプロセスの間で、使用される資源が大幅に異なると思われるため、プロセスごとに別々にフォームをつくったほうがよいでしょう。もし、ここで「生産」という単位を1枚のフォームで済ませようとすると、「資源の種別」ごとに書かれるべき資源の数が多くなるので、見落としが発生しやすくなります。

このように、フォームの枚数が増えることによる手間と、見落としのリスクとのバランスを考慮して、作業対象の大きさ（細かさ）を調節しながら、製品・サービスを提供するための一連のプロセス全体を通して、必要となる資源の洗出しを行ってください。

4　事業中断リスクが集中している資源を把握しよう

前項のような方法で資源の洗出しを進めていくと、複数のプロセスで必要とされる資源が具体的に明らかになる場合があります。

例えば、生産計画や商品在庫の管理が「生産管理システム」で行われているとすると、図表11の中で「生産計画」、「生産」、「販売・出荷」に含まれる複数のプロセスで、このシステムが使われていると考えられます。

つまり、生産管理システムが何らかの原因で停止してしまうと、「生産計画」、「生産」、「販売・出荷」に含まれる複数のプロセスが同時に実行不可能になるということです。これは、言い換えれば、事業中断を招きかねないリスクが「生産管理システム」という1つの資源に集中しているということです。

他にも、工場の変電設備が故障したら工場全体が停電するとか、特定のネットワーク機器が故障したら社内のすべてのPCがインターネットに繋がらなくなるなどといった、特定の資源に事業中断のリスクが集中している例は多くの企業で見られます。

このように事業中断のリスクが集中している資源については、今後の検討において特に重点的に対策を検討する必要がありますので、要注意資源としてリストアップしておくことをおすすめします。

5　資源が使えなくなった場合のリスクを評価しよう

御社で実際に事業影響度分析に取り組んでいくと、多数の資源が洗い出されると思います。特に工場の製造現場などのように多数の機械や装置などを使うようなところでは、必要な資源も相当な数になります。それらのすべての資源に対して、事業中断が発生した場合の対処方法を考えるのは大変です。

そこで、これまでに洗い出された資源の中で、対処方法を事前に考えておくべきものと、考えておかなくてもよさそうなものを、「その資源が使えなくなるリスク」の大きさを基準として区別します。このような区別を行うことで、対処方法を考えるための作業量を減らすことができます。

資源が使えなくなるリスクの大きさを評価する方法

ＢＣＭにおいては、図表13のような形で資源を整理するのが現実的です。

縦軸には「その資源が使えなくなる可能性」の高さを、横軸には「その資源が使えなくなった場合の代替の難しさ」をとります。

縦軸は、言い換えればその資源の脆弱性です。例えば、精密な装置は、振動や温度変化などに弱

【図表13　資源が使えなくなるリスクの評価例】

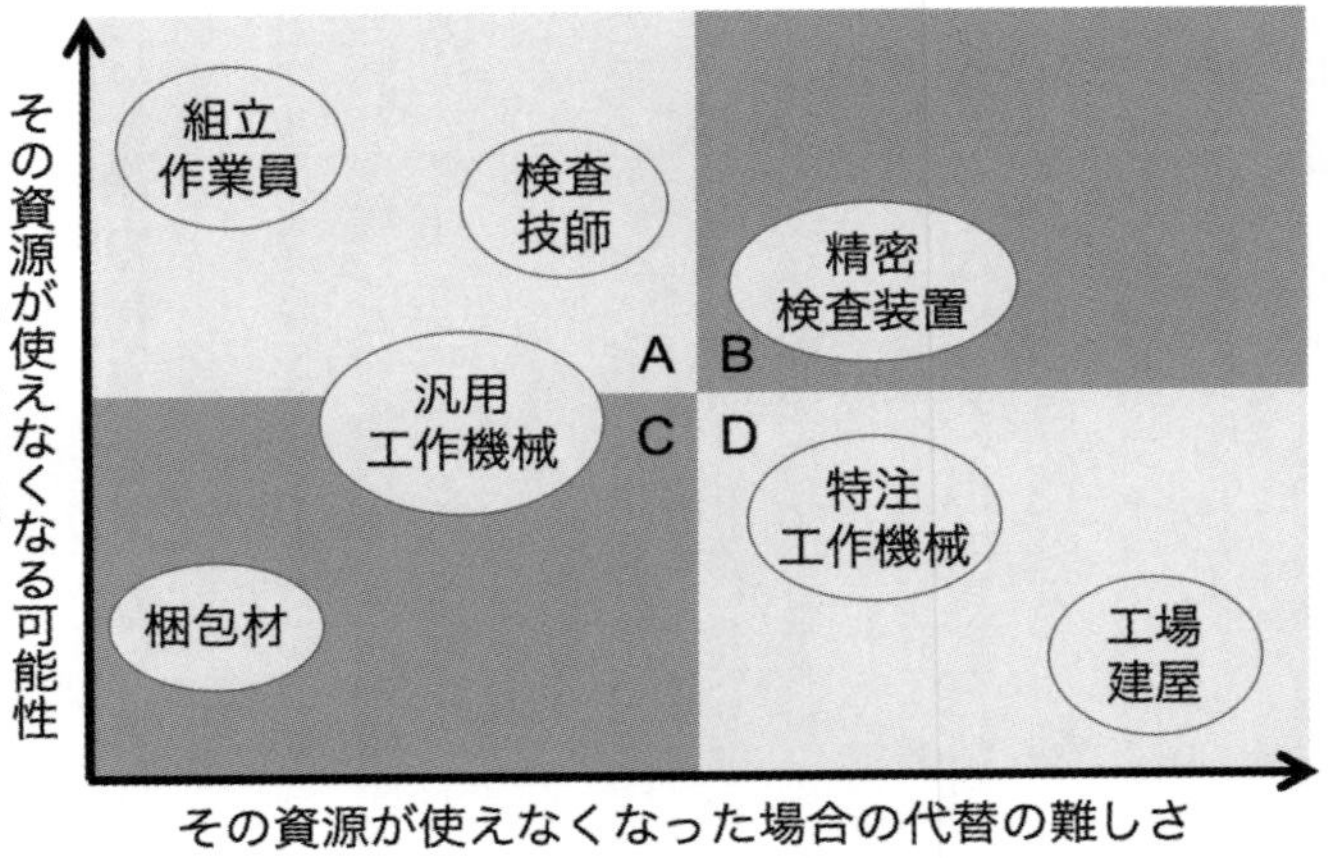

い場合が多いので、地震や火災などの被害が生じると、他の装置と比べて使えなくなる可能性が高いと考えられます。また、洪水や高潮の発生が懸念されているような場所であれば、低層階にある資源のほうが高層階にある資源に比べて浸水や水没で使えなくなる可能性が高いという評価もあり得ます。

これに対して横軸は、その資源の希少性だと考えられます。例えば、汎用の工作機械であれば、修理や再調達が比較的容易かも知れませんし、場合によっては他社の機械を借りるとか、同じような機械を持っている会社にその工程を委託するという方法がとれるかも知れません。

これに対して御社向けに特注でつくられた工作機械であれば、修理や再調達に長時間を要する可能性が高いですし、他社の協力を得るのも難しくなるでしょう。

また、人的資源に関しても、単純作業を担っている作業員に比べると、専門的な技術や資格を有する従業員のほうが、他の従業員による代行が難しくなります。

このような観点で、ある製品・サービスを提供するために必要な資源を図表13のように整理していきます。

このとき、その資源が使えなくなる可能性（縦軸）や代替の難しさ（横軸）を厳密に数値化する必要はありません。相対的にどちらのほうが上か／右かを大雑把に比べながら並べるという方法で十分です。

例えば、「汎用工作機械が使えなくなる可能性は、特注工作機械よりは高いけど精密検査装置ほどじゃない」といったような具合に、縦方向／横方向に見比べながら配置していきます。できれば1人の主観に頼らず、これらの資源に関する事情を知っている数人で話し合いながら、全員が納得できるような配置を探っていただくのがよいと思います。

このように整理できた場合、資源が使えなくなるリスクの大きさとは、「その資源が使えなくなる可能性」（縦軸）と、「その資源が使えなくなった場合の代替の難しさ」（横軸）の掛合せだと考えられます。つまり、図表13で原点（左下隅）から近いものはリスクが小さく、遠いものはリスクが大きいということになります。

例えば、最も左下にある梱包材は、使えなくなる可能性が低く、もし使えなくなったとしても容易に代替可能ということです。このような資源に関しては、使えなくなった場合の対処方法を事前に考えておかなくてもよさそうです。

これに対して検査技師、精密検査装置、工場建屋などは、いずれも原点から遠いので、資源が使えなくなるリスクが大きいと考えられます。これらについては何らかの対策が必要でしょう。

これらに比べると、汎用工作機械などは、リスクがやや小さいと考えられます。これらについても何らかの対策が講じられるのが望ましいですが、予算やスケジュールの都合などで対策が困難であれば、とりあえず今年は保留して、よりリスクの大きい検査技師、精密検査装置、工場建屋などへの対策に専念するという判断もあり得るでしょう。

このように、個々の資源が使えなくなるリスクを評価して、リスクが十分小さいものに関しては対処方法を考えるのをやめ、リスクの大きいものから優先的に対策を考えるようにすることで、対処方法を考えるための作業量を減らしつつ、会社全体として合理的に対策を進めることができるようになります。

リスクの状況に応じて事前対策の仕方を考える

資源が使えなくなるリスクを図表13のように整理できたならば、この結果を踏まえてどのような対策を事前に講じておくべきかを、合理的に考えていけるようになります。

図表13は、上下左右に4分割されていますが、これらのうちAの領域は、災害や事故などによって使えなくなる可能性が比較的高いが、使えなくなった場合の代替は比較的容易な資源のグループ

になります。これらの資源に対しては、使えなくなる可能性が低くなるような事前対策を平常時のうちに講じることができれば、効果的にリスクを下げることができます。

例えば、汎用工作機械に対しては転倒防止対策とか浸水対策などのような事前対策を実施することによって、より下の方に動かすことができます。これはすなわち、事業中断そのものが発生しにくくなるということです。

一方で、Ｄの領域にある資源は、災害や事故などによって使えなくなる可能性が比較的低いが、もし万が一使えなくなったら代替が難しい資源のグループです。これらに対しては、平常時のうちに何らかの代替策を準備する方向で検討します。

例えば、社内に1台しかない装置であれば、もう1台購入できないか検討すべきかも知れません。また、ある仕事に必要な技術を持つ人が1人しかいない場合であれば、他の従業員にもその技術を習得させるとか、技術を持つ人を新たに雇用するなどの方法が考えられます。

このような対策を講じることができれば、図表13で特注工作機械をより下の方に動かせるでしょう。

このような対策ができたとしても、事業中断が発生しにくくなるとは言えませんが、事業中断が発生した後に、事業を再開・継続させるのが、より容易になると考えられます。

このように、個々の資源が図表13のどこに位置するかによって、平常時にどのような対策を講じるのが効果的かがわかります。このように最適な事前対策の仕方を考え、有限な予算を有効に使って、合理的にリスク軽減を図ってください。

リスクの状況に応じて事後対応の仕方も変わる

図表13のようなリスクの評価結果から導かれることが、もう1つあります。前節では事前対策の仕方をどう考えるか説明しましたが、リスクの評価結果は事後対応の仕方、つまり資源が使えなくなった場合の対処方法を決める根拠にもなるのです。

図表13の中で最も左側にある資源（組立作業員および梱包材）は、たとえその資源が使えなくなったとしても容易に代替できるものです。例えば、数十人で同じ単純作業をしている作業員であれば、たとえ多数の作業員が同時に来られなくなった場合でも、他の職場の従業員が応援に入ったり、アルバイトを臨時で雇うなど、比較的容易に代替できると考えられます。

このように、容易に代替できる資源に関しては、資源が使えなくなった場合の対処方法を事前に考えておく必要はないでしょう。梱包材については、既に前節の段階でリスクが十分低いと考えられていますが、組立作業員についても容易に代替可能であることから、事後の対処方法を検討・準備しておく必要性は低いと言えます。

一方、図表13の右端は、その資源が使えなくなった場合に、それを何らかの方法で代替するのが非常に困難で、御社にとっては事実上代替不可能な資源が配置されることになります。例えば、非常に高価で、しかも御社の特注で世界に1台しかないような生産設備などが該当します。

【図表 14　資源が使えなくなるリスクの評価例（その２）】

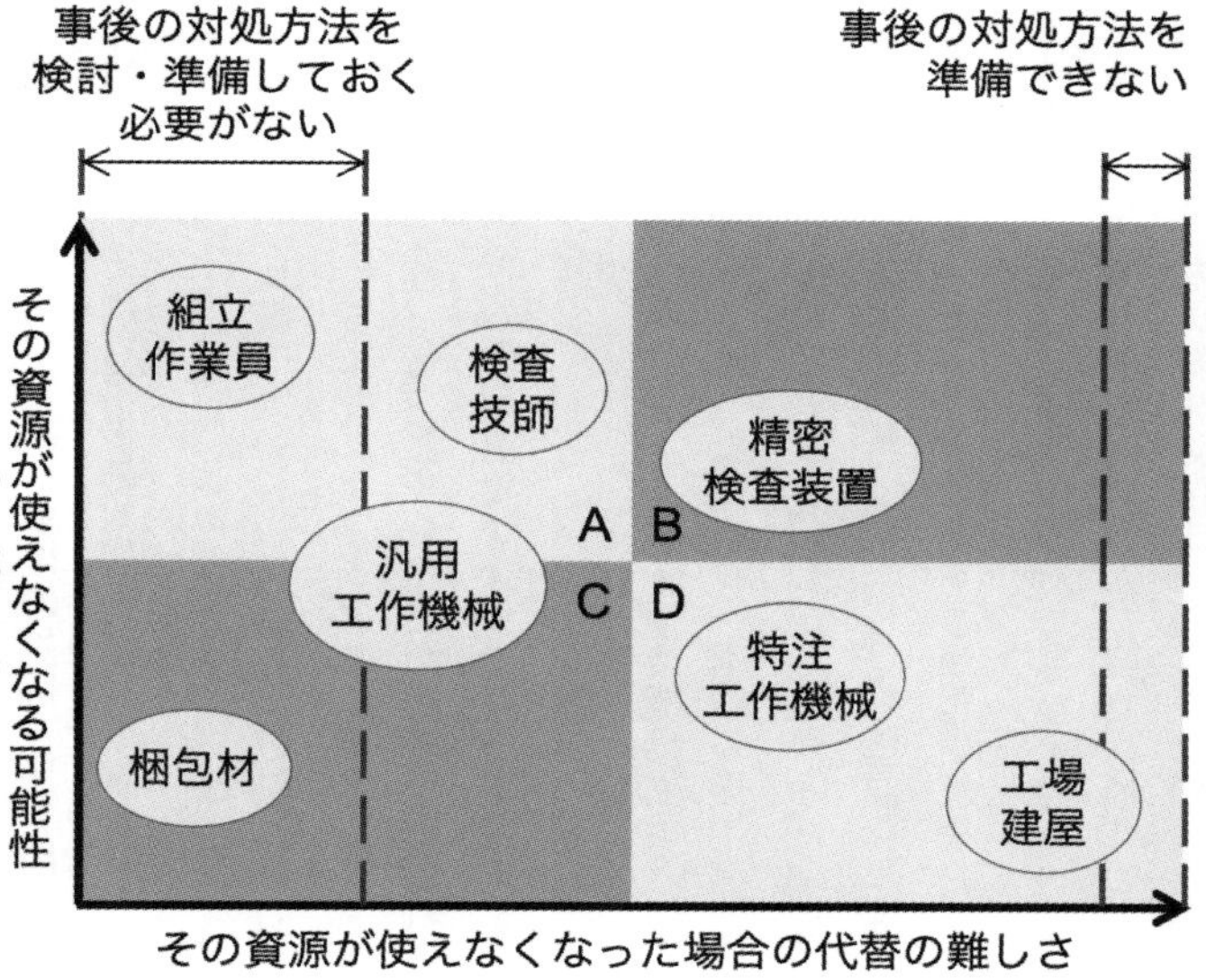

もちろん、お金に糸目をつけなければ大抵の資源は代替可能かもしれませんが、非常に高価な設備を事業継続のためだけに二重化するのは多くの一般企業にとっては困難でしょう。

このような資源に関しては、事後の対処方法を準備できないということになります。

これらの関係を図表13に追記したものが図表14です。

右下にある工場建屋を「事後の対処方法を準備できない」という範囲に入れるかどうかは、対処方法を準備するためにどのくらいお金をかけられるかという御社の判断次第となります。

このように整理すると、今後の方針は次のように考えられます。

・図表14の左側の破線の範囲に入っている2つの資源に関しては、事後の対処方法を検討しない。
・残り5つの資源に関しては、事後の対処方法を検討・準備する。
・工場建屋については、事後の対処方法を準備することの是非を慎重に検討する。
・もし5つの資源に関して事後の対処方法を同時並行で検討・準備するのが難しい場合は、使えなくなる可能性が比較的高い検査技師および精密検査装置を優先し、残りを後回しにする。

図表14では、説明を簡単にするために、資源を7種類しか書いていませんが、実際に企業でこのような作業をすると、もっと多くの資源が洗い出されると思いますので、このような整理をすることによって、この先の作業量をかなり少なくできます。

一般的な「リスクアセスメント」と何が違うのか

本章の冒頭のほうで述べたとおり、本章の後半部分は国際規格ISO22301では「リスクアセスメント」と呼ばれています。しかしながら、一般的に行われるリスクアセスメントと、本章で説明した方法との間には、若干の（しかも重要な）違いがあります。

一般的にリスクとは、将来発生するかも知れない事象（出来事）が発生する可能性の高さと、その事象が発生した場合の影響の大きさとの組合せで表現されます。このような考え方に基づいて、企業に事業中断を発生させるような事象をいくつか特定し、これらを対象としてリスクアセスメントを行った場合、その結果は図表15のような形に表現されます（縦軸と横軸は逆でも構いません）。

【図表15　一般的な考え方に基づくリスクアセスメント結果の例】

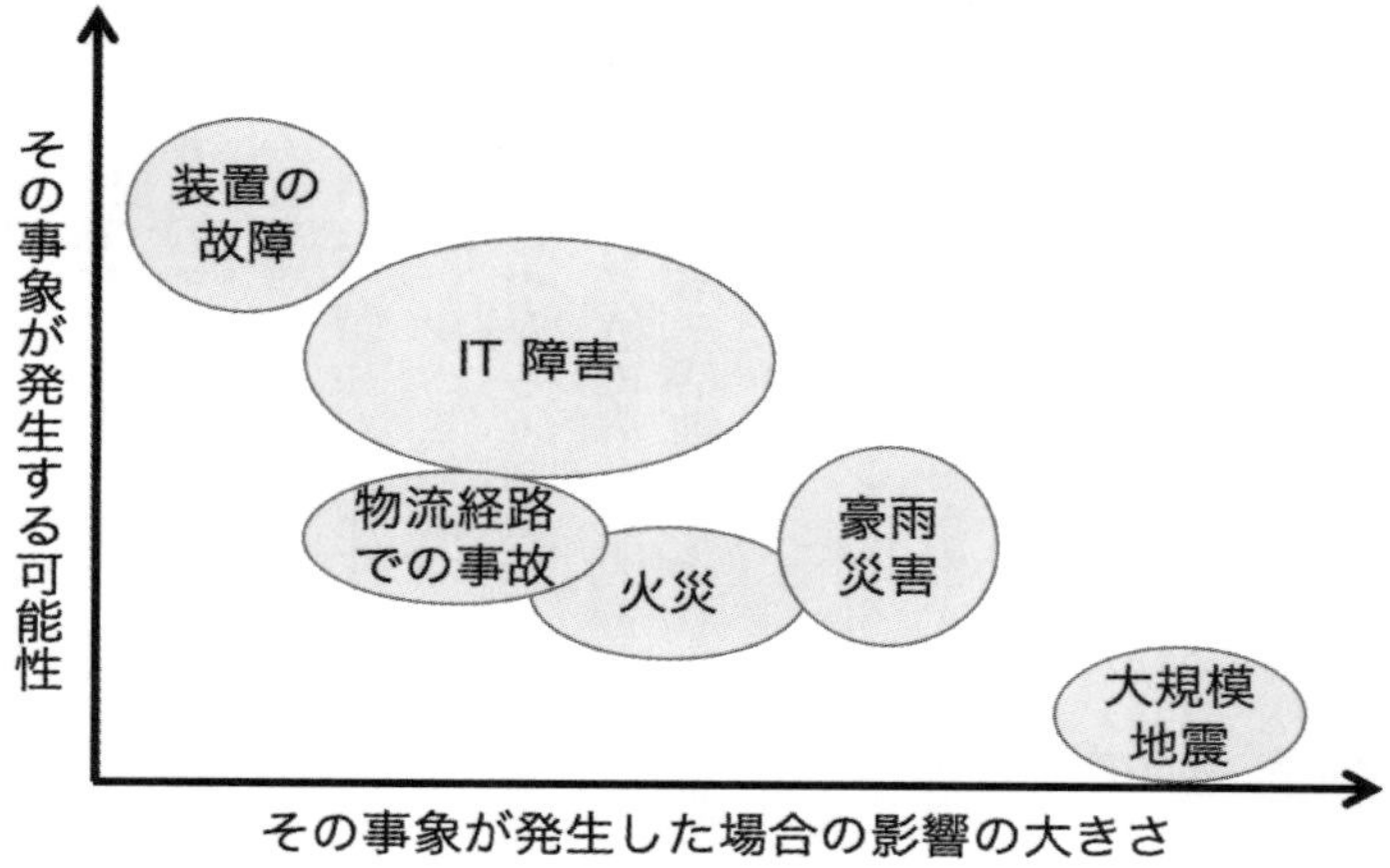

しかしながら、このような形のリスクアセスメントは、ＢＣＭにおいてはあまり有効ではありません。これは、実際にＢＣＰをつくるところまで経験していただければ、多くの方々に納得していただけると思うのですが、リスクアセスメントの結果が図表15のような形で表されても、ＢＣＰをつくるための検討材料として使う場面があまりないのです。

その理由を以下に説明したいと思います。

まず、図表15の横軸は、「その事象が発生した場合の影響の大きさ」と書かれていますが、ではその「影響」とは具体的には何でしょうか。

前述のとおり、これは、「企業に事業中断を発生させるような事象」を対象としたリスクアセスメントですから、横軸の「影響」とは会社が被る損害の大きさということになるでしょう。これは、本章で説明してきた事業影響度分析や、その結果として特定された資源に比べると、かなり大雑把なものです。

また、この後の第5章からは事後の対処方法を検討していくことになりますが、これらも基本的には資源単位で検討を進めていきます。したがって、第5章以降の検討内容と比べても、図表15は大雑把過ぎるのです。

縦軸の「その事象が発生する可能性」に関しても同じようなことが言えます。ＢＣＭにおいて考えるべきなのは、事象が発生する可能性よりも、個々の資源が使えなくなる可能性です。したがって、そもそも評価すべき対象が違うのです。

このような理由から、図表15のような形でまとめられたリスクアセスメントは、ＢＣＭにおいてはあまり活用できません。ちなみに国際規格ＩＳＯ２２３０１でも、リスクアセスメントに関しては「組織の優先事業活動及びそれらの活動が要求する資源に対する、事業の中断・阻害のリスクを特定する」と明記されています（出所：日本規格協会「JIS Q 22301:2020 (ISO 22301:2019) セキュリティ及びレジリエンス—事業継続マネジメントシステム—要求事項」／傍点は筆者）。

念のために申し上げておきますと、図表15に示されているような事業中断を引き起こし得る事象が、できるだけ多く網羅的に特定されていることは重要です。しかしながら、特定するだけならば、第1章の「御社における災害のリスクを総合的に把握しておこう」（31ページ参照）で述べたような調査や、社内で発生し得る事故や故障などのリスクの洗出しをすれば足ります。

また、筆者は図表15のような形のリスクアセスメントを行うこと自体に意味がないとは思っておりません。このような形のリスクアセスメントが必要な場面や、役に立つ機会もあると思います。

ただ、「ＢＣＭにおいて必要なリスクアセスメントとは違う」というのが、ここでお伝えしたいことです。

６　サプライチェーンにおけるリスクをどのように把握するか

サプライチェーンのすべてを無理に把握しようとしない

ＢＣＭにおいて、特に製造業などでよく議論になる問題の1つがサプライチェーンの途絶による事業中断です。

自社が部品や材料などを調達しているサプライヤーが、どこから原材料などを調達しているかを完全に把握するのは困難です。また、このような階層構造が三重、四重…と重なっていることも珍しくありませんので、どこかの素材メーカーが事故や災害で事業中断に陥ったときに、自社とサプライチェーンで繋がっていたことが初めて判明する、ということもあり得ます。

近年に発生した災害で、サプライチェーンの途絶によって事業中断が連鎖的に拡がったことが何度かあったため、サプライチェーンにおける取引関係をすべて可視化すべきだという議論もありました。

しかしながら、サプライチェーンの取引関係をすべて把握するような労力やコストを割けるのは、恐らくごく一部の大企業だけでしょう。一般的には、特に重要な部品や材料などに調査対象を絞って、サプライヤーの協力を得ながら取引関係を調べていき、特に事業中断リスクの高いサプライヤーを特定していくのが現実的だと思われます。

他の部署と協力し合ってリスク情報を収集する

前述のような調査を進めるために、どのくらいの労力が必要かは、取引のあるサプライヤーの数や、その先のサプライチェーンの階層の深さによりますので、状況によってはBCM担当部署だけではそのような調査を実施するのは難しいかもしれません。

そのような場合には、購買部門や環境マネジメント担当部署、コンプライアンス（または法務）担当部署などと協力し合って調査を進めることもご検討ください。

近年、気候変動対策の観点で、サプライチェーン全体での二酸化炭素排出量を調査する企業が増えてきています。また。サプライチェーンの先に繋がっている企業で、環境破壊に繋がる活動や強制労働などが行われていないかを調査している企業もあります。

そのような企業であれば、これらの調査（あるいは監査）を実施している部署から情報を共有してもらったり、共同調査を行ったりすることで、サプライチェーンの調査のための労力やコストを会社全体として合理化できる可能性があります。ぜひ読者の皆様も、サスティナビリティやコンプライアンスなどといった他分野に関心を持ちつつ、関係各部署とうまく協力しながら、合理的に調査を進めていただければと思います。

第5章　弱点をカバーする方策を検討しよう

1　「元に戻す」以外の方策を考えてみよう

事業継続戦略

事業継続計画（ＢＣＰ）とは、既に第1章で述べたとおり、「事故や災害などによる事業中断が発生した場合に、これに対応してどのように製品やサービスの提供を再開・継続させるかを文書化した計画書」のことです。そこで本章では、ＢＣＰを文書化するための前段階として、「どのような方法で製品やサービスの提供を再開・継続させるか」を検討します。

事業中断が発生するのは、製品・サービスを提供するために必要な資源が使えなくなるからです。したがって、使えなくなった資源を再び使えるようにできれば、製品やサービスの提供を再開・継続させることができるようになるはずです。

例えば、工場の生産設備が故障して使えなくなった場合を考えてみましょう。この設備を再び使えるようにするために最も単純な方法は、「その設備を修理して元の状態に戻す」ことでしょう。短時間で修理できるならば、それでもよいかも知れません。ところが、もし、その製品・サービスの目標復旧時間が2週間で、設備の修理に4週間かかりそうだったら、修理が完了するまで待てないということになります。この場合、何らかの仮の方法を使って2週間以内に製品・サービスの提供を再開させ、その間に設備の修理を進めるという段取りが必要になります。

ＢＣＰをつくるときに特に検討が必要なのは、この「何らかの仮の方法」です。故障した設備を修理すれば間に合うのならＢＣＰは必要ありませんし、ＢＣＰをつくることで修理期間が短くなるということもありません（災害発生直後の対応手順などがＢＣＰの中で決めてあれば、より早く修理に着手できるようになる可能性はありますが、それはＢＣＰの本質ではありません）。

したがって、元に戻すという対処方法では時間がかかり過ぎる場合に、何らかの仮の方法を使うことも含めて、より短期間で製品・サービスの提供を再開・継続させるための方策を考えておくのが、ＢＣＭにおいて必要なアプローチです。そのような「方策」は、ＢＣＭにおいては、「事業継続戦略」と呼ばれています（国際規格ＩＳＯ２２３０１の２０１９年版からは「事業継続戦略及び具体策」と呼ばれるようになりましたが、実質的な内容に違いがないため、本書では便宜上、今のところ日本で最も普及している「事業継続戦略」という表現を用います）。

そこで本章では、自社にとってどのような事業継続戦略を検討し、採用すべきかを考えていきます。

事業継続戦略は、個々の資源に対して検討される必要があるため、具体的な戦略の内容は多岐にわたりますが、元の状態に戻すこと（復旧）を除けば、概ね次の5種類に大別されます（この分類は、ＢＣＩ（「はじめに」で紹介した非営利団体です）が発行し、世界で最も活用されているガイドラインの１つである「Good Practice Guidelines」の２０１８年版で示されている分類です）。

① 多重化
② 複製
③ 予備
④ 事後調達
⑤ 何もしない

事業継続戦略①多重化

平常時から事業活動が複数の場所で行われており、同一の製品・サービスが複数の場所で提供できるようになっていれば、それらのうち1か所で事業中断が発生しても、他の場所で事業活動を継続できます。もちろん、一時的に処理能力（生産量など）は落ちますが、企業全体としては事業中断をほとんど発生させずに継続できるようになります。

例えば、製造業であれば、生産量を増やすために複数の工場（または複数の生産ライン）で生産するとか、顧客の近くで生産するために工場を分散するといった、事業継続とは別の理由で既に多重化されている場合もあります。

また、アフターサービスや保守などを担う拠点を複数地域に分散配置している企業も多いと思いますが、この場合でも各拠点の機能はほとんど共通であることが多いので、顧客情報さえうまく共有できれば、既に多重化されていると考えられます。

サプライヤーや業務委託先に関しても多重化が行われている例は多いでしょう。同一の原材料を常に複数のサプライヤーから調達している場合や、同じ業務を複数の業務委託先に発注している場合もこの多重化に相当します。

このように、もし御社の事業活動の一部が何らかの理由で多重化されているのであれば、その状況を事業継続にも活用することができます。また、（それなりの投資が必要になりますが）現在多重化されていないものを、事業継続の観点から新たに多重化するという考え方もありえます。

事業活動が複数の場所で行われているということは、必要な資源が多重化されてそれぞれの場所に分散されているはずです。例えば、2か所の工場で同じ製品を生産している場合、同じ機能を持つ製造装置、同じ原材料、同じ技術を持つ作業員などといった資源が、両方の工場に配置されているはずです（数や量まで同じとは限りません）。このような資源の多重化・分散化が事業継続に寄与します。

ここで、「複数の場所」にも様々なレベルがあり得ます。当然ながら、どのくらい場所を離して多重化するかによって、設備投資やランニングコストが大きく変わります。

例えば、東京と大阪など地理的に十分離れた場所で多重化されていれば、片方の場所で広域災害が発生した場合でも、もう片方の場所で事業活動を続けられる可能性が高くなります。

近隣の土地にある別の建物に分散されている場合は、広域災害だと同時に被災する可能性がありますが、建物の火災などであれば多重化の効果が期待できます。同じ建物の中で設備などを多重化するという形でも、設備の故障などといった小規模なトラブルに対しては有効です。

また、製品・サービスの提供に必要な資源をすべて多重化するのか、特に重要な（もしくは脆弱な）部分だけ多重化するのかという判断も重要です。既に複数の工場で生産されている場合は、製造工程全体が多重化されていることが多いと思いますが、製造工程の一部だけを多重化し、他の部分には別の事業継続戦略を用いるほうが合理的な場合もあります。

このあたりは、多重化の必要性とそのために必要となる投資額などとの兼ね合いで検討することになるでしょう。

事業継続戦略②複製

前述の「多重化」と同じように、資源の多重化を図りつつ、平常時には同時に使わないでおき、事業中断が発生した場合に別のほうを稼働させるという方法もあり得ます。

工場を2つ建設して普段は片方を休眠させるというのでは平常時の効率が悪過ぎますが、工場全体といった大きな範囲ではなく個々の資源のレベルで考えた場合、このようなアプローチが合理的となることがあります。

典型的な例は、情報システムでよく見られます。平常時に使われているサーバーとは別にバックアップサーバーを用意し、バックアップサーバーのほうにも最新のデータを常にコピーして同期させておいて、もしサーバーにトラブルが発生したらバックアップサーバーに処理を切り替えるという方法です。

また、人員に関してもこの方法が使えます。特に重要な仕事に関しては、複数の人員がその仕事をできるように訓練しておき（必要に応じて経験もさせておき）、普段は別の仕事に従事させておくというものです。

これは、業務量の変動に対応しやすくするとか、休暇を取りやすくするなどの目的で、「多能工化」もしくは「多能職化」というような呼び方で、既に実践されている企業も多いと思います。このような取組みは、事業継続に関してもメリットがあります。

事業継続戦略③予備

読んで字のごとく、資源の予備を持っておくという方法です。

前述の「複製」も予備に似ていますが、「複製」のほうは必要に応じて即座に対応できるように準備されているのに対して、「予備」の場合はそこまで準備されておらず、単に資源の予備が確保されているだけというレベルです。

情報システムに関して言えば、サーバーとして使えるコンピュータ本体やハードディスクなどの部品が確保されているだけという状態です。これを使えるようにするには、サーバーの組立て・設置、システムのインストール、データのコピー（もしくはバックアップコピーからの復元）などの作業が必要になります。これらの作業をしないと使えないような状態で保管されているのが「予備」、これらの作業が済んでいて、すぐ使えるようになっているのが「複製」というように整理されています。

人員であれば、とりあえず人数は確保できるようになっているが、業務内容の説明や訓練などが必要な状態がこの「予備」に相当します。単純作業ならばこのような方法でも対応できると思いますが、ある程度の技術や経験が必要な業務になると、前述の「複製」レベルにしておく必要があるでしょう。

サプライヤーや業務委託先に関しては、同じ原材料を調達できる会社や、同じ業務を委託できる会社をあらかじめ調べておく（ただし平常時は1社からしか調達しない）というのが「予備」に相当します。

設備や機材に関しては、あらかじめ予備を持っておくという方法の他に、有事の際に他社の設備や機材を借りられるようにしておくという方法も考えられます。同じような設備や機材を持っている他社との間で、契約などの形でこのような取決めが事前にできていれば、他社の資源を予備として活用することで、自社での投資を抑えることができます。

事業継続戦略④事後調達

これまで説明してきた「多重化」、「複製」、「予備」は、準備の仕方こそ違いますが、いずれも事前に準備をしておくものです。これらに対して、事業中断が発生してから代替手段を調達するという考え方もあり得ます。これは、目標復旧時間に余裕がある場合や、簡単に用意できる資源に対して使える方法です。

何らかの理由で機材が使えなくなった場合であれば、代わりの機材を購入する（または借りる）とか、同じような機材を持つ他社に業務を委託するという方法が考えられます。既に述べた「予備」と異なるのは、購入、借用、業務委託などに関する事前の取決めなどを行わないということです。

したがって、事業中断が発生してから機材の購入先や借用先、業務委託できる企業などを探したり、条件を交渉したりする必要がありますので、事業再開にこぎつけるまでに相応の時間がかかります。

なお、ＢＣＭに取り組んでいない企業や、事業継続のための準備が整っていない企業が事業中断に直面した場合には、否応なくこの「事後調達」で対応せざるを得なくなります。

しかしながら、何も準備していなかった企業が、結果的に「事後調達」での対応を迫られるのと、あらかじめ「事後調達」で対応すると決めていた企業が主体的に「事後調達」を選んで切り抜けるのとでは、意味が全く違います。読者の皆様には、この点を区別していただいた上で、事業継続のための投資を抑える手段の1つとして、「事後調達」も有効に活用していただければと思います。

事業継続戦略⑤何もしない

「何もしない」というのが果して戦略と呼べるのかと疑問に思われるかと思いますが、何らかの根拠に基づいて、企業として「何もしない」と決めることは、事業継続戦略の選択肢といえます。
もちろん、設備や機材が破損するなど何らかの理由で資源が使用できなくなった企業が、この先もずっと「何もしない」ということは少ないでしょう。最終的には、設備を修理（もしくは再調達）するなど、何らかの処置をすることが多いと思われますが、ここで「何もしない」というのは、事業中断が発生した直後の状況で、事業再開のために必要な判断や処置を直ちに行わないという意味です。

企業にとって「何もしない」という戦略を選ぶ理由は、主に2つ考えられます。

1つ目は、目標復旧時間が十分に長い場合です。例えば、従業員が一時的に出社できなくなった場合、その原因（例えば、通勤に使う電車が動かなくなったとか、病気や怪我など）が解消されて再び出社できるようになるまで待つというものです。この場合、出社できない状態が長引きそうな場合は、別の従業員に代替させるなど、他の対処方法に切り替えるという判断もあり得ますが、事業中断が発生した直後にそのような判断を迫られるような状況にならないものであれば、当面は何もしなくてよいと考えられます。

2つ目は、使えなくなった資源の代替を用意するのが極めて困難な場合です。

例えば、大規模停電が発生した場合、ある程度の規模ならば非常用発電機やバッテリーなどで賄える可能性がありますが、工場が稼働できるほどの電力を用意するのは、一般的な企業にとっては難しいでしょう（ごく一部のオフィスビルでは、ビル全体の電力を賄える発電機が備えられているような事例もありますが、それなりの設備投資やランニングコストがかかりますので、一般的とは言えないでしょう）。このような場合は、電力会社による復旧作業を待つしかなく、自社としては何もできないということになります。

もちろん、この場合は復旧期間の予測が難しくなりますし、供給者側（右の例の場合であれば電力会社）の対応次第で復旧が長引くリスクもあります。したがって、「何もしない」という事業継続戦略を選ぶ資源に関しては、そのようなリスクがあることも踏まえた上で、その資源に対しては代替策を準備しない（できない）ということを経営層に説明し、合意を得ることが重要です。

これはすなわち、経営層に対して、自社のＢＣＭの限界を具体的に知ってもらうということであり、ここがやられたら事業中断が長引くかもしれないという覚悟をしていただくということです。このような覚悟ができていないと、有事の際に「これは想定外だ」などと不用意な発言ばかりを繰り返すような事態になりかねません。

2　自社にとって現実的・合理的な方策を見極めよう

自社にとって最適の戦略を検討する

前節では5種類の事業継続戦略をご紹介しましたが、御社においてそれぞれの資源に対してどの戦略を選ぶかは、事業活動や資源の現状、事業継続のために投入できる投資の大きさ、目標復旧時間を主に考慮して判断することになります。

図表16は、前節で紹介した事業継続戦略のうち、「何もしない」を除いた4種類について、準備のために必要な投資の大きさと、事業中断が発生した後に代替手段を用意できるまでの所要時間との大まかな関係を示したものです。

既に資源が多重化されているのであれば、もちろんそれを有効に活用すればいいのですが、現時点で多重化されていない資源をこれから新たに多重化する場合には、当然ながら相応の投資が必要になります。これに比べれば、複製や予備に関しては、準備のためにかかる投資が比較的小さくて済みます。

【図表16　事業継続戦略にかかわる投資の大きさと所要時間の関係】

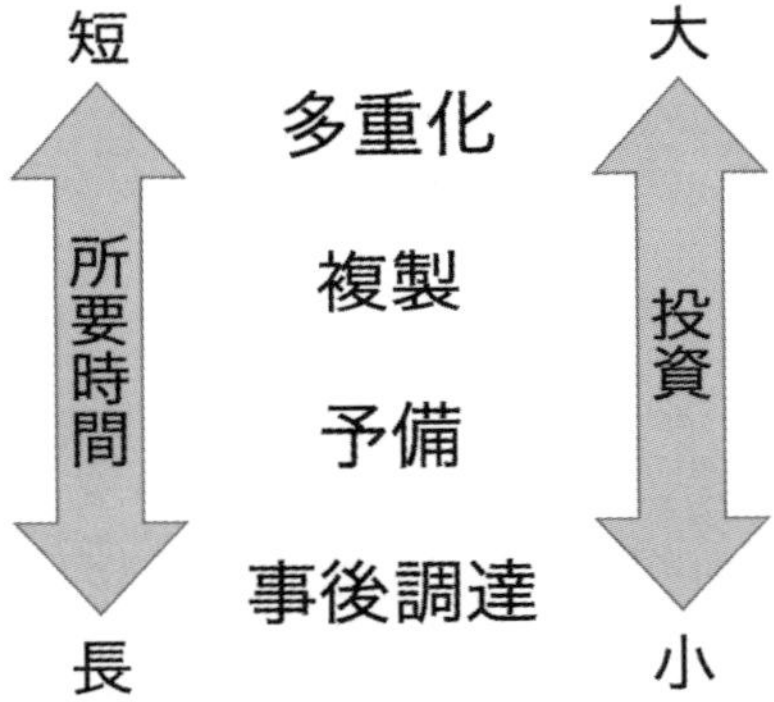

事後調達に関しては、準備にほとんど費用がかからないと考えられますが、当然ながら事業中断発生後に出費が発生します。また、大規模災害が発生した後の需要増などによって、価格が高騰したり入手困難になったりする可能性があります。例えば、都市部で大規模地震などが発生すると、被災を免れたレンタルオフィスや貸し会議室、ホテル、人材派遣会社、レンタカーなどの需要が急増するかもしれません。

そして、あくまでも一般論ではありますが、準備のためにかかる投資の大きさと事業中断が発生した後の所要時間（≒事業再開までにかかる時間）は、反比例の関係になります。したがって、その資源が関係する目標復旧時間の範囲内で、所要時間と投資の大きさとを天秤にかけて、どの戦略が自社にとって最適かを検討すべきだということになります。

事業継続戦略の検討例

ここで、再び紅葉山食品を例として、事業継続戦略の検討をどのように進めていくか考えてみましょう。

【図表17　紅葉山食品における業務プロセスの一部】

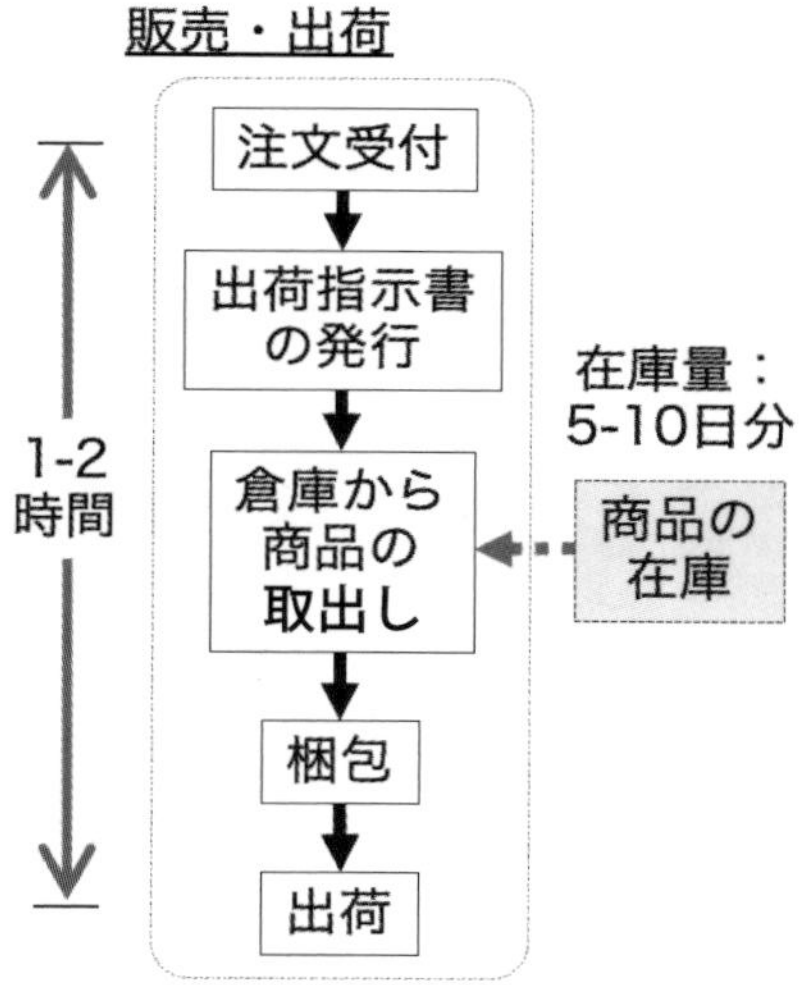

図表17は、第４章で紅葉山食品のプロセス分析を行った際の図表11から「販売・出荷」に関する部分を抜粋したものです。この一連のプロセスに含まれる資源に関して、事業継続戦略を検討する場合を考えてみます（説明のために多少簡略化しています）。

まず、前半の「注文受付」と「出荷指示書の発行」はデスクワークです。いずれも手順さえわかれば、特別な技術などは必要ありません。また、販売管理システムに接続できるパソコンとプリンタ、ラベル用紙があれば、どこの事業所でもできる作業です。

一方、「倉庫から商品の取出し」、「梱包」、「出荷」に関してはどうでしょうか。必要となる資源としては、作業員の他に倉庫、商品、作業場所、梱包資材、出荷データ、運送会社などが考えられます。

これらの資源に対して事業継続戦略を検討した例が図表18です（レイアウトの都合上、「出荷」の部分は割愛させていただきました）。

実際には、それぞれの資源に対して複数の戦略があり得ます。例えば、「プリンタ」に関しては、図表18に書かれている「他部署のラベル印刷対応プリンタを借りる」という方法以外にも、自部署で予備を持っておくとか、自部署で常に2台使うといった方法もあり得ますし、1日当たりに出力するラベルの数が十分少なければ、プリンタを使わずに手書きで対応できるかもしれません。

そのような様々な可能性もあることをご理解いただいた上で、図表18には最も実施しやすい戦略が書かれているとお考えください。

また、最も右側の列には、これらが前節で述べた分類のうち、どれに当たるかを書いてみました。これは、あくまでも「前節の分類の考え方に当てはめるとこれに該当します」ということを、より理解を深めていただくために書いたものですので、これらの区別を厳密に行う必要はありませんし、読者の皆様が実際に検討するときにはこのようなことを記述する必要はありません。

【図表 18　資源ごとの事業継続戦略の検討例】

プロセス	資源	事業継続戦略	種類
注文受付	担当者	他部署の人員で代替する	予備
	電話	自部署の携帯電話で対応する	複製
	事務所	他部署の場所を借りる	予備
	パソコン	社内のどのパソコンでも代替可	複製
	ネットワーク	Wi-Fi ルーターで接続する	複製
出荷指示書の発行	担当者	他部署の人員で代替する	予備
	事務所	他部署の場所を借りる	予備
	パソコン	社内のどのパソコンでも代替可	複製
	ネットワーク	Wi-Fi ルーターで接続する	複製
	プリンタ	他部署のラベル印刷対応プリンタを借りる	複製
	ラベル用紙	普段から余分にストックしておく	予備
倉庫から商品の取り出し	担当者	アルバイトを臨時雇用する	事後調達
	商品倉庫	一時的に資材倉庫の一部を使う	予備
	商品	破損していないものを選別する	何もしない
	出荷指示書	営業部門で再出力してもらう	事後調達
	台車	他部署から借りるか購入する	事後調達
梱包	担当者	アルバイトを臨時雇用する	事後調達
	商品	在庫から再度出庫してもらう	何もしない
	梱包資材	普段から余分にストックしておく	予備
	作業場所	工場内の空きスペースを使う	複製
	台車	他部署から借りるか購入する	事後調達
	宛先ラベル	ラベル印刷対応プリンタを持っている他部門で再作成してもらう	何もしない

実際、「複製」と「予備」の境界はかなり曖昧ですし、「他部署の場所を借りる」という方法を「予備」と呼ぶことには違和感があると思います。ここでは、一連のプロセスの中に様々な戦略が混在している状況をわかっていただければ十分です。

同じ場所にあっても資源の種類が別なら戦略も別

実際にこのような検討をされるときにご注意いただきたいのは、物理的に同じ場所か、もしくは非常に近い場所にある資源であっても、別の種類の資源であれば、事業継続戦略を別々に検討すべきだということです。

例えば、「倉庫から商品の取出し」というプロセスにある「商品倉庫」と「商品」の2つは、「商品倉庫の中に商品が保管されている」という関係にあります。そのため、大規模な地震や火災が発生した場合には、商品倉庫と商品が同時に被害を受ける可能性が高いので、一体のものとして考えられがちです。

しかし、これら2つの間では、現実的な事業継続戦略が異なるので、それぞれ別々に検討すべきです。つまり、「商品倉庫」に関しては、中の商品がどうなったかは別として、商品倉庫が使えなくなったらどうするかを考えます。同様に「商品」についても、商品倉庫の状況に関係なく、保管されている商品が使えなくなったらどうするかを考えます。このように分けて検討することができないと、「商品倉庫を二重化するしかない」などといった極端な方向に向かいかねません。

個別に検討した事業継続戦略をまとめてシンプルにする

しかしながら、このように資源ごとにバラバラな状態では、ＢＣＰが煩雑になってしまいます。

そこで、いくつかの資源をまとめて扱って、事業継続戦略をシンプルにすることを検討します。

まず、「注文受付」と「出荷指示書の発行」はデスクワークであり、これら2つのプロセスで使われている資源のうち、「電話」や「パソコン」のような汎用的な資源は代替が容易です。したがって、第4章の後半で説明したリスクアセスメントを実施すれば、事後の対処方法を検討する必要がないと判断されるようなものです。

しかしながら、「事務所」に関しては、代替の大変さが他の資源と異なります。また、「電話」、「パソコン」、「ネットワーク」などといった他の資源も、実態としては「事務所」に設置されていますので、実際に事務所が使えなくなって他部署の場所を借りるためには、現在の場所から他の資源を持っていくか、他の資源も含めて他部署から借りるかといった作業が発生します。

そこで、「注文受付」と「出荷指示書の発行」の2つに関しては、ＢＣＰに基づく対応が必要になるのは「事務所」が使えなくなったときだと考え、これを中心に事業継続戦略を検討するのがよさそうです。

すなわち、もし事務所が使えなくなったら、執務用の場所とパソコン、電話、プリンタなどをまとめて他の部署から借りるということに決めればよいのです。

さらに、あらかじめどの部署から借りるかも決めておき、手順などを準備しておけば、より短時間で実行に移せるようになるでしょう。

このように、資源ごとに個別の事業継続戦略を検討した後に広い範囲から見直して、ある程度まとまった範囲として合理的な事業継続戦略に統合することができれば、最終的にＢＣＰもシンプルになります。

事業継続戦略を個別の資源ごとに検討することの意味

この結論だけを見ると、「そもそも図表18のように細かく検討する必要はなかったのではないか」とお感じになったかも知れませんが、それは説明のためにあえてシンプルな例を回りくどいくらい詳細に説明したからです。

また、このように検討しないと、特別な注意を払うべき資源が見落とされることがあります。例えば、「出荷指示書の発行」で使われている「プリンタ」については、「ラベル印刷対応プリンタを借りる」と書かれています。したがって、前述の例に関しては、ラベル印刷対応のプリンタを持っている部署を調べた上で、どの部署から場所を借りるかを決めなければなりません。

事務所の例だと比較的シンプルですが、工場の製造工程のように多種多様な資源が使われているようなプロセスだと、このような見落としが発生しやすくなります。

したがって、まずは図表18のような形で資源ごとに事業継続戦略を検討した後で、複数の資源をまとめて対処できるような合理的な方法がないか検討されることをおすすめしたいと思います。

3　普段の仕事の見直しが事業継続につながらないか考えよう

事業継続上のメリットを考慮

前節までで説明した事業継続戦略は、基本的には事業活動の現状を変えないという前提で、どのような方法で資源を代替するかを検討するものです。これに対して、事業継続に関するメリットを考慮して、現在の事業活動のあり方を見直し、変えていくというアプローチが有効な場合があります。

これは、ＢＣＭの仕事の範疇にとどまらない話ですので、本書で取り扱うべき範囲から若干はみ出るようにも思いますが、実際にはこのような観点も含めて考えていただいたほうが、会社全体として合理的に事業中断に対する対応力を高めていける可能性があります。

このような問題意識に基づいて、ここでは次のような観点から普段の仕事を見直すことについて、あえて扱っていきたいと思います。

①　標準化（または共通化）
②　外部委託
③　情報システムのクラウド化
④　サプライヤーの選定
⑤　コミュニケーション手段

⑥　在宅勤務の導入
⑦　ワークライフバランスの改善
⑧　気候変動対策

見直しの観点①標準化（または共通化）

一般的には、標準化は品質管理やコストダウンのために行われることが多いのですが、標準化が進めば進むほど、使えなくなった資源の代替が容易になりますので、事業継続という観点でもメリットがあります。

製造業であれば、部品や原材料は顧客に製品・サービスを提供するために欠かせない資源です。したがって、部品や原材料の標準化は、資源そのものを標準化することになります。

製品の生産に特殊な部品や原材料を用いると、それらの仕入を特定のサプライヤーに依存することになるため、そのサプライヤーが災害や事故によって生産停止に陥ると、自社の生産活動も止まってしまいます。

逆に、部品や原材料が特定のサプライヤーに依存しない汎用品であれば、平常時に仕入れているサプライヤーからの供給が止まった場合でも、他のサプライヤーから調達できる可能性が高くなります。

また、作業手順の標準化によって特定の人に依存する業務を減らすことができれば、他の従業員による代替や多能工化が容易になります。

一般的には、ＢＣＭへの取組みはコスト増だと思われがちですが、このように普段の事業活動の中で標準化を進めていくことによって、事業中断への対応力を高めつつ、コストダウンも図れる可能性があります。

もちろん、何をどこまで標準化するかは、ＢＣＭの観点だけで決められるものではなく、特殊な部品や原材料、特別な製造工程の採用による商品価値の向上や顧客ニーズへの対応、コストなど様々な観点から検討されるべきものですので、経営戦略の一環として議論される必要があるでしょう。

見直しの観点②外部委託

社内で行われている業務を外部委託（アウトソーシング）することによって、事業継続上のメリットが発生する場合があります。

近年、製造業や商社などで、「サードパーティー・ロジスティクス」（３ＰＬ）を導入する企業が増えています。これは、商品の物流に関する業務を丸ごと物流専門企業に委託することで、物流機能や施設などを自前で持つためのコストを削減し、物流専門企業のノウハウを生かした効率化やスピードアップを図ることを主な目的として行われています。

しかし、複数の物流拠点を持つような大規模な物流専門企業に委託できれば、自前で複数の倉庫を持つよりも低いコストで商品を複数の物流拠点に分散保管できるようになる可能性があります。

また、人事や経理などの社内手続に関する業務を、ある程度まとまった規模で外部委託する「ビジネスプロセス・アウトソーシング」（ＢＰＯ）に関しても、同様のメリットが期待できる場合があります。

ＢＰＯを提供する企業では、多くの企業から受託した大量の業務をこなすために、多数の従業員を抱えているはずなので、一部の従業員が仕事をできなくなった場合でも、他の従業員がカバーできる可能性があるからです（もちろん、実際にどうかは各社の状況によります）。

したがって、もし御社において今後何らかの業務を外部委託する場合には、サービス内容や委託費用の金額だけでなく、委託先のＢＣＭや災害対策がどうなっているかも含めて確認して、委託先を選定されるとよいのではないでしょうか。

見直しの観点③情報システムのクラウド化

社内で管理されていた情報システムを、外部のサービスプロバイダーが管理・運用しているクラウドに移すのも、サーバーなどのハードウェアの導入や保守運用を外部委託するようなものですし、しかもシステムやデータが複数のサーバーに分散されて運用されるため、前述の外部委託と同じようなメリットが期待できます。

ただし、一口に「クラウド」と言っても実態は様々ですので、プロバイダーの選定やサービス内容の比較検討において、耐障害性やバックアップ体制、災害対策の状況などを詳細に確認すべきでしょう。

見直しの観点④サプライヤーの選定

同じ部品や原材料を調達するならば、ＢＣＭにしっかり取り組んでいるサプライヤーから調達したほうが自社のＢＣＭにとって有利になります。これは、業務委託先に関しても同様のことが言えます。

すべてのサプライヤーに対してこのような確認をするのは難しいとしても、特に重要なサプライヤーや業務委託先に対しては、ＢＣＭや災害対策への取組み状況を確認して、選定の際の参考にされることをおすすめします。

多くの企業では、重要なサプライヤーや業務委託先に対して品質面やコンプライアンスなどに関する監査や状況確認を定期的に実施されているのではないかと思います。そのような監査や状況確認をされる際に、ＢＣＭに関する項目を追加してもらうのが合理的です。

日本企業においては、この点に関して「自社のＢＣＭがまだまだ不十分なのに、サプライヤーに対して偉そうなことは言えない」という感じで遠慮される場合が多いのですが、外国の企業はあまりそういうことは気にせず、自社のＢＣＭの状況がどうだろうと、サプライヤーに対して遠慮なく質問や調査をされることが多いようです。このような割切りは、日本企業も見習ってもいいのではないかと思います。

また、同じ部品や原材料を複数のサプライヤーから調達するかどうか（複数購買）も重要なポイントです。発注数量を増やす代わりに単価を下げてもらうという理由で調達先を1社に絞ることもあれば、品質やコストなどの面で競争させるために、あえて複数のサプライヤーから調達するという場合もあります。もちろん、事業継続の観点からは、複数のサプライヤーから並行して調達するほうが有利です。

このように購買戦略の検討に事業継続の観点を加えることで、ＢＣＰ以外の部分で事業継続力を高められる可能性があります。これも、事業継続、品質、コストなど様々な観点をバランスよく検討して、御社にとって最適な購買戦略を見出すべきなのは言うまでもありません。

見直しの観点⑤コミュニケーション手段

日常業務におけるコミュニケーション手段を見直すことが、事業継続に寄与することもあります。現在ＦＡＸで受信している連絡をメールに切り替えられれば、ＦＡＸ番号やＦＡＸ受信機に依存しなくなりますので、現在の事業所が使用できなくなった場合でも他の場所で業務を継続できる可能性が高くなります。

メールの受信についても、個人のメールアドレス宛で受信しているものを、グループやチームで共有しているアドレスで受信するようにすれば、平常時の情報共有がしやすくなるだけでなく、ある従業員が急に不在になった場合に、他の従業員が代行しやすくなります。

また、後述の在宅勤務やワークライフバランスとも関連しますが、日常業務におけるコミュニケーションでSlackやChatworkなどといったビジネスチャットを使い慣れていると、災害などで通信手段が制約を受けても比較的スムースにコミュニケーションを続けられると考えられます。

特に大規模災害が発生した直後は、携帯電話網で輻輳が発生したり、通話制限がかけられたりして、音声通話がしにくくなることがありますが、メールやチャットは文字データによる通信であり、音声通話よりもデータ量が少ないため、そのような状況でも連絡をとりやすいというメリットがあります。

日常業務においてどのようなコミュニケーション手段を使うかは、様々なメリット・デメリットを比較して検討されると思いますが、その比較検討の際に事業継続の観点も加えてみてください。

見直しの観点⑥在宅勤務の導入

２０２０年から始まった新型コロナウイルスのパンデミック（世界的流行）によって、日本でも在宅勤務やリモートワーク（テレワーク）がすっかり一般的になりましたが、これらはパンデミック以前から代表的な事業継続戦略の１つでした。

現在広く使われているようなＷｅｂ会議システムも、10年以上前から販売されていましたが、コスト面や心理的な壁（何となく直接会ったほうが伝わる気がするなど）が障害となっていたのか、あまり普及しませんでした。これが、パンデミックのおかげで否応なく使わざるを得なくなり、各社が無償あるいは低価格での提供を開始したこともあって、急速に普及しました。

今後、パンデミックが収束したら、在宅勤務がだんだん減って、かつてのようにオフィスに戻っていくことになるのかもしれませんが、せっかく在宅勤務ができるようになったのですから、そのシステムは維持しておくべきでしょう。

また、これを機会に紙の書類や印鑑をできるだけ廃止し、物理的にオフィスでないとできない業務を減らせれば、さらに事業継続の観点からは有利になります。在宅勤務が可能な業務であれば、その仕事を他の事業所で他の従業員が代行できる可能性も高くなりますので、事業継続戦略の選択肢が広がります。

見直しの観点⑦ワークライフバランスの改善

ワークライフバランス（ＷＬＢ）とは、「働き方改革」という言葉とともに、近年少しずつ知られるようになってきた概念です。

残業や休日出勤などが常態化しているような職場では、心身ともに疲弊してしまい、仕事で十分なパフォーマンスを発揮できなくなってしまいます。また、家事や育児との両立が難しくなったり、出産を望む女性が育児休暇を取得できず退職せざるを得なくなるといった問題も発生します。

そこで、残業や休日出勤を減らして仕事（ワーク）一辺倒の状態から脱却し、仕事以外の生活（ライフ）の部分を充実させていくことによって、前述のような問題を解消していこうというのが、ワークライフバランスの基本的な考え方です。

そして、ワークライフバランスを改善していくための取組みが、事業継続の観点でもメリットをもたらす可能性が期待できます。

ワークライフバランスの改善のためには、まず労働時間を減らしても売上・利益を維持向上させるために、現在の仕事のどの部分に無駄な手間や時間がかかっているかを把握・分析して、仕事の効率化を徹底的に進める必要があります。

また、残業を減らしたり休暇を取りやすくするためには、個人に依存する仕事を減らして、他の人でもその仕事を代行できるようにしたり、個人ではなくチームとして仕事を進めるようにするというアプローチが有効です。属人化したノウハウや経験が必要で、他の人では代行できないと思われているような仕事でも、よくよく仕事の中身を調べていくと、部分的には他の人でも代行可能だったり、ノウハウや経験を他の人に共有可能だったりすることは、よくあることです。

このような考え方から、ワークライフバランスの改善のために、次のような手段がよく用いられます。

・プロセスの見直しによる帳票の廃止や電子データ化
・Ｗｅｂ会議システムなどを使った在宅勤務やリモートワークの導入
・業務手順のマニュアル化や標準化
・業務に必要な資料やデータの共有

・定期的なミーティングや、メールやビジネスチャットなどのツールを活用したコミュニケーションや情報共有

前述の「標準化」や「在宅勤務の導入」とも関連しますが、右のような環境整備が進むと、事業所が使えなくなったり、従業員が仕事をできない状況に陥ってしまっても、他の方法で代替できる可能性が高まります。

ここでは、とりあえず多くの企業に共通して役に立ちそうな部分を紹介させていただきましたが、ワークライフバランスを改善するための手法は各企業の状況に応じて様々ですので、もし御社においてワークライフバランスを改善するための取組みが進めば、結果的に事業継続上のメリットにも繋がるような方法が、他にもいろいろ見つかるかも知れません。

ぜひそのような問題意識を持って、ＢＣＭとワークライフバランスとの両方の観点から、業務の改善・改革に取り組んでいただければと思います。余談ですが、筆者自身もこのような問題意識に基づいて、(株) ワーク・ライフバランスの認定コンサルタントという資格を取得しています。

[補足] ワークライフバランスを改善する本来の目的

ワークライフバランスを改善するための方法論に深入りするのは本書の趣旨から離れますので、詳しくはその道のプロによる書籍（この分野の第一人者である小室淑恵氏が複数の書籍を世に出されていますので、巻末の「参考文献」にその一部を記載しました）などをご参照いただきたいので

すが、誤解を避けるために、ワークライフバランスの概念に関する根本的な部分を１点だけ説明させていただきたいと思います。

それは、「ワークライフバランスの本質は、単に労働時間を減らすことではない」ということです。労働時間を減らすことは必要ですが、それはあくまでも手段です。労働時間を減らした分の時間を使って心身ともにリフレッシュするとともに、生活を充実させることによって仕事以外の場で様々な知識や情報、経験を取り入れ、それらを仕事に活かして成果につなげていくという好循環を生み出していくのが、ワークライフバランスの本来の目的です。

また、このような好循環が回っていくことによって、「労働時間を減らした分だけ売上が減る」のではなく、生産性の向上によって「労働時間を減らしつつ売上・利益が増加する」ようになっていきます。

このような基本的な考え方をご理解いただいた上で、ワークライフバランスの改善とＢＣＭとの間で相乗効果を発揮できるような取組みを進めてください。

見直しの観点⑧気候変動対策

近年は、気候変動に関する問題意識の高まりから、二酸化炭素の排出量を減らすために太陽光発電システムを導入する企業が増えてきましたが、太陽光発電で賄える電力量が多ければ、災害などで停電が発生した場合でも、災害対応や事業継続のために電力を使える可能性が高まります。

工場全体で必要な電力量を太陽光発電だけで賄うのは難しいかも知れませんが、たとえ一部であっても停電時に電力を使えれば、停電の間にできる準備が増えるので、停電が復旧した後の事業再開が早くなる可能性もあります。

もし、これから太陽光発電システムの導入を検討されるのであれば、気候変動対策と事業継続との両方の観点から検討を進めていただければと思います（これら両方のメリットを説明したほうが予算を取りやすくなるかも知れません）。

また、気候変動の影響で極端な気象現象（台風や豪雨、大雪、寒波など）が従来よりも多発するようになり、災害が増加傾向にあると言われています。このような背景から、より極端な気象現象による災害に備えることも、気候変動への適応策だとする考え方もあり、環境省からも企業がこのような観点を含めてＢＣＭに取り組むことを推奨するガイドが公開されています（環境省「民間企業の気候変動適応ガイド ―気候リスクに備え、勝ち残るために―」：https://www.env.go.jp/earth/earth/tekiou/page_00006.html（アクセス日：２０２４年10月６日））。

このように、気候変動に関する対策とＢＣＭとの間では、お互いに関連する部分がありますので、もし御社に環境問題を担当している方（例えば、ＩＳＯ１４００１に基づく環境マネジメントシステムの運用を担当されている方など）がいらっしゃる場合は、そのような方々と協力しながら、会社全体として合理的で無駄のない取組みを進めていただければと思います。

第６章

検討結果を「事業継続計画」（ＢＣＰ）にまとめよう

1　ＢＣＰに関する文書構成を考えておこう

いよいよ本章では、これまで検討してきた結果を文書化して事業継続計画(ＢＣＰ)をつくります。「ＢＣＰをつくる」と言われると、「ＢＣＰ」というタイトルの計画書を1つつくるようなイメージを持たれるかも知れませんが、実際には複数の文書に分けてつくったほうが実用的です。

そこで、ここでは、まずＢＣＰに関する文書構成について説明します。

インシデント対応計画

図表19は、ＢＣＰに関する典型的な文書構成の例です。

まず、全体が3つの部分に分かれていることに注目してください。

最も左側に「インシデント対応計画」というものがあります。「インシデント」とは、事故や災害など、何らかの悪影響をもたらす突発的な出来事の総称です。つまり、「インシデント対応計画」とは、何か突発的な事故や災害などが発生したときのための対応計画のことです。日本では、「初期対応」もしくは「初動対応」と呼ばれることも多いかと思います。

実際の文書のタイトルは、「緊急事態対応計画」や「災害対応計画」などになることもあります。このあたりは御社にとって馴染みやすいタイトルにしていただければいいと思います。ただし、「危

【図表19　ＢＣＰに関する文書構成の例】

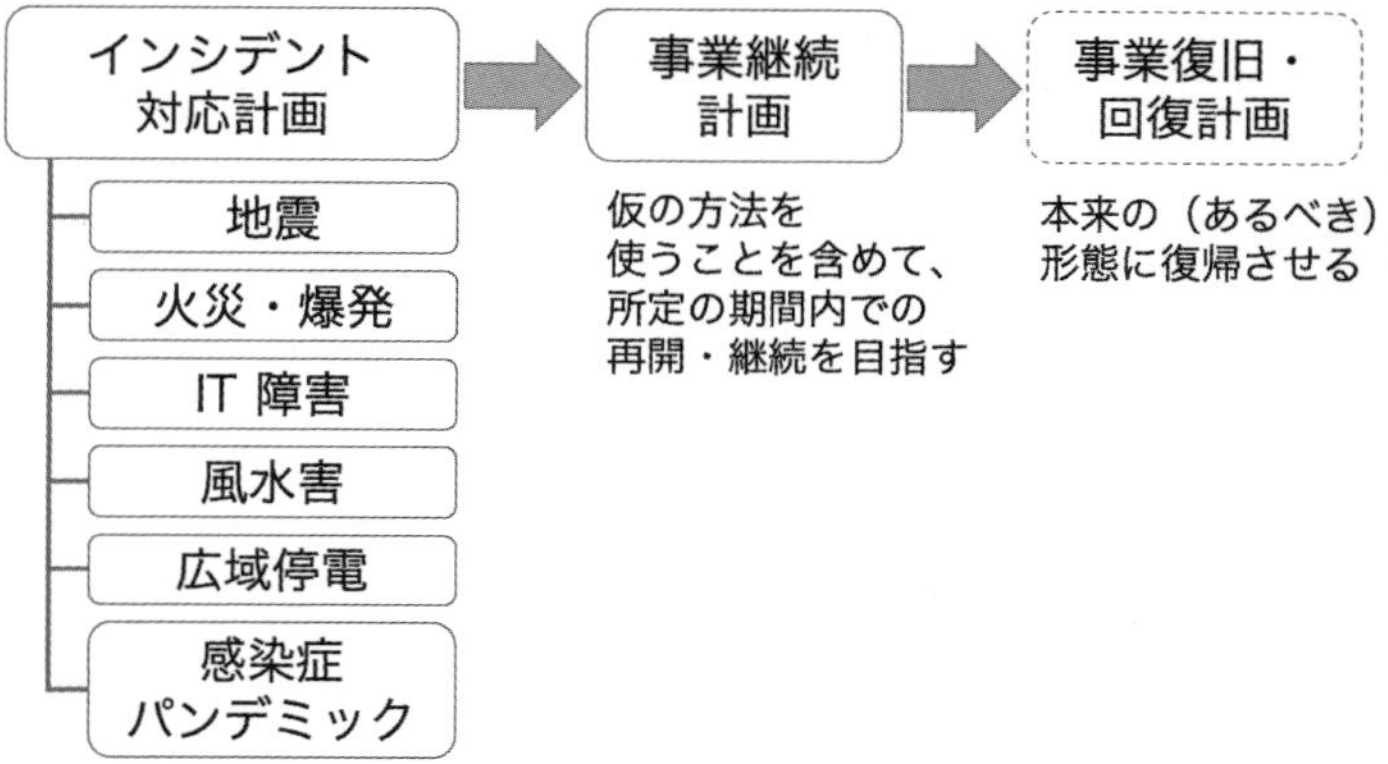

機管理」という言葉を使うと意味合いが変わるので、ここでは使わないほうがよいでしょう。

発生したインシデントの種類ごとに具体的な対応内容を書く

インシデント対応計画は、事故や災害などが発生したときにどのように対応するかを決めておくものですが、具体的にどのような対応が必要かは、実際に何が発生したのかによって大きく異なります。

図表19では、「インシデント対応計画」の下に「地震」、「火災・爆発」などといったインシデントの種類が書いてありますが、これはインシデントの種類ごとに具体的な対応内容を決めて、文書化しておくことを表しています。

これらは、例えば「地震対応マニュアル」などといった形で分冊にしてもいいですし、インシデント対応計画全体を1冊にまとめて、その中でインシデントの種類ごとに章立てを分けるというやり方でもいいと思います。筆者としては、インシデントが発生したときの使い勝手を考えて、分冊にすることをおすすめしています。

これに対して「インシデント対応計画」と書かれている上の部分には、インシデントの種類を問わず共通で必要なことが書かれます。特に重要なのは、インシデントが発生した場合の組織体制（対応体制）です。これは、「災害対策本部」などといった名称で呼ばれることも多いと思います。これについては201ページで別途説明します。

事業継続計画

図表19の中央には、「事業継続計画」があります。

ここには、第5章までで検討してきた内容を踏まえて、事業中断が発生した場合にどのような方法で製品・サービスの提供を再開させるかを書きます。具体的な記述内容に関しては別途説明しますが、第5章で検討した事業継続戦略をより具体化した手順などを記述していきます。

少々ややこしいのですが、この中央の部分だけを指して「事業継続計画」と呼ぶ場合もあれば、図表19に含まれている文書全体を総称して「事業継続計画」と呼ぶ場合もあります。また、両者を区別するために、前者を「狭義のＢＣＰ」、後者を「広義のＢＣＰ」と呼ぶ方もおられます。これらは、いずれも間違いではありませんので（本書で度々引合いに出している国際規格ＩＳＯ２２３０１には、「事業継続計画」という用語の正式な定義が書かれていますが、これらは両方とも規格で定められた正式な定義にあてはまります）、そういうものだと思っていただくしかありません。

なお、図表19では、「事業継続計画」というものが1つ描いてあるだけですが、実際にはこれも複数の文書に分けたほうがよい場合があります。特に企業の規模が大きい場合や、複数の事業部や商品群などによってＢＣＰの内容が大きく異なる場合などは、分けて作成したほうが合理的な場合があります。

例えば、製造業でＢＣＰをつくる場合、製品の生産に関するＢＣＰとスペアパーツや消耗品の販売、あるいは保守作業に関するＢＣＰとでは、別の会社じゃないかと思われるくらい内容が変わりますし、担当部署も恐らく分かれていることが多いでしょう。このような場合は、特に別々の文書に分けて作成されることをおすすめします。

事業復旧・回復計画

第5章で検討した事業継続戦略の中には、例えば他部署の場所やプリンタを借りるとか、アルバイトを臨時雇用するなど、とりあえず仮の方法を使ってその場をしのぐような方法も含まれています。したがって、最終的には、本来の（あるべき）形態に復帰させていく必要があります。そのための方法を計画として文書化したものが、「事業復旧・回復計画」です。

しかしながら、必ずしもこの事業復旧・回復計画を平常時のうちにつくっておくとは限りません。ＢＣＰに基づいて仮の方法で事業再開を実現した後に、これをどのような方法で本来の形態に戻していくかは、事業中断が発生した後の状況によって大きく変わります。これを平常時のうちに具体的に予測するのは困難ですので、もし事業復旧・回復計画を事前につくろうとしても、あまり具体的なことは書けないでしょう。

また、BCPによる事業再開がうまくいき、とりあえず急場をしのぐことができれば、ある程度時間ができます。したがって、事業再開に目処がついた後に事業復旧・回復計画に相当する内容を検討しても間に合うと考えられます。

このような理由から、事業復旧・回復計画がつくられることは少ないので、図表19でも破線で描いてあります。特にこれから新たにBCPを作成するという段階の企業であれば、当面は考えなくてよいでしょう。

災害対応業務に関する計画

ところで、第2章の中で、一部の企業や非営利組織では、災害によって新たに発生するニーズに対応するための業務が必要になることについて触れました（67ページ参照）。

具体的には、自治体が住民の安全確保や地域の復旧・復興のために行う業務や、医療機関における負傷者対応、建設業や設備メーカーなどによる、災害で破損した建造物や設備などに対する保守作業などが含まれます。

これらを総称して、本書では便宜上「災害対応業務」と呼びますが、これらは平常時に行れる業

【図表20　災害対応業務計画を含む文書構成の例】

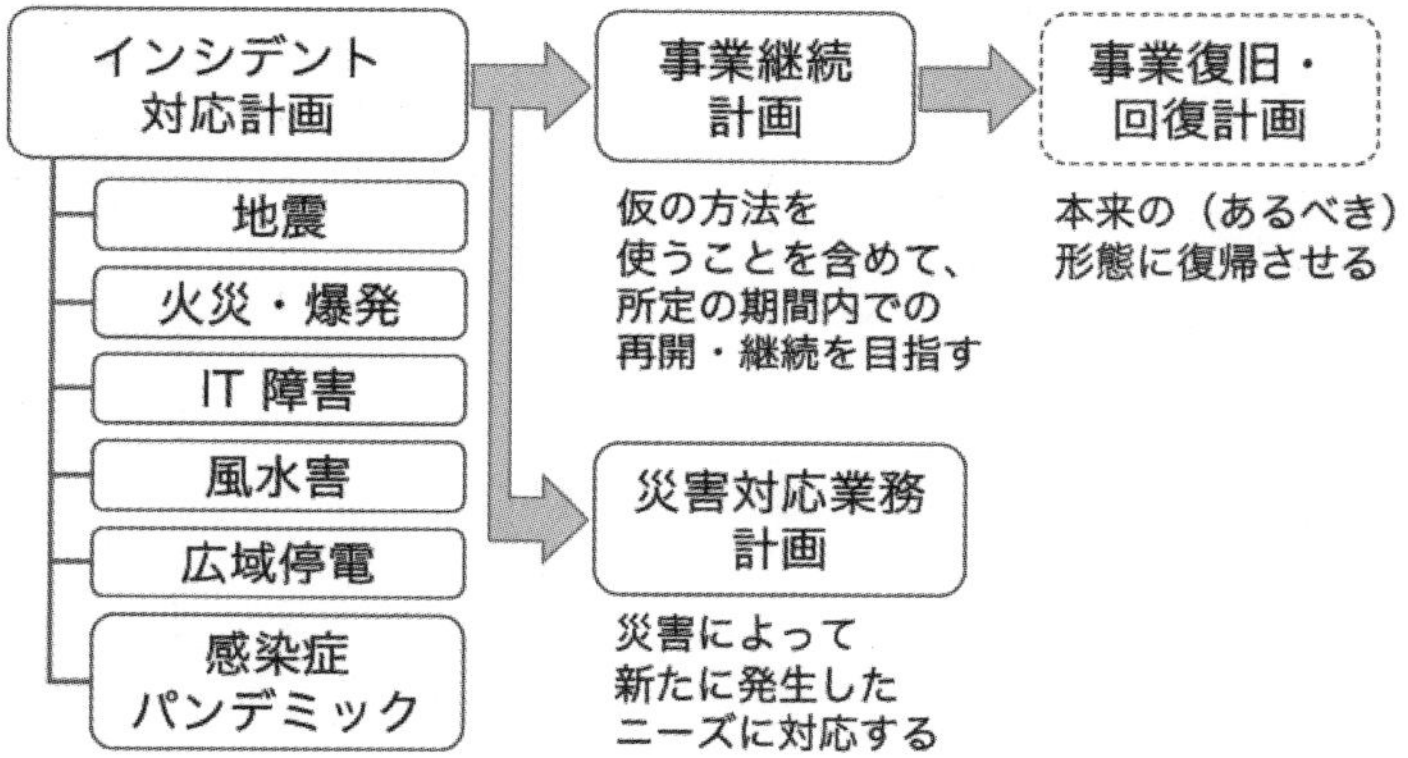

務ではないため、第2章から第5章までは検討対象に含めませんでした。しかしながら、事故や災害などが発生した状況下でこれらのような災害対応業務を実行するためには、これまでに述べたインシデント対応計画や事業継続計画などと整合する形で、災害対応業務に関する計画が文書化されている必要があります。

図表20は、このような災害対応業務に関する計画を含む企業における文書構成の例です。次のような理由から、災害対応業務に関する計画は、事業継続計画とは別々につくることをおすすめします。

・災害対応業務は、自社が被災していなくても実施する場合がある(自社の事業所がない地域で災害が発生し、その地域に多くの顧客が存在する場合など)。
・事業継続計画は、「中断してしまった業務を復旧させる」ための計画であるのに対して、災害対応業務は、「新たな業務を開始する」ための計画であるため、計画書の構造が大幅に異なる。

ただし、インシデントが発生した後に災害対応業務を実施する場合には、事業継続のための活動と災害対応業務との両方が一元的に指揮統制されないと、組織の中で混乱が生じかねません。

そこで、災害対応業務に関する指揮統制は、インシデント対応計画で決められた組織体制によって行われるという前提で、災害対応業務に関する計画を作成するようにします。

また、事業継続のための活動と災害対応業務との間で、資源の奪い合いにならないように注意する必要があります。これは、計画作成の段階で確認できなくても、第7章で解説する演習などで確認すればよいのですが、もし資源の奪い合いになる可能性がある場合は、事業継続と災害対応業務との間で優先順位を決める必要があるかもしれません。

重要なのは自社に合った文書構成を見つけること

ここで説明した文書構成は、あくまでも一般論ですし、このようにしなければならないという決まりもありません。最終的には、御社にとって使いやすい文書構成を見つけていただくのが最も重要です。

また、文書構成は、1度決めたら変えられないというものでもありませんので、文書の作成が段々進んできて、扱いにくくなったら見直せばよいでしょう。

筆者の経験から多くの企業におすすめできる文書構成の方針は、次のとおりです。

・インシデント対応計画と事業継続計画とは最初から別々にする。

・インシデント対応計画については、最初は様々な種類のインシデントへの対応を含む1つの文書として作成し、内容が増えてきたらインシデントの種類ごとに分ける。

インシデント対応計画と事業継続計画を最初から別々にすることをおすすめする理由は、事業継続計画の内容の多くがインシデントの種類を問わず共通となるからです。また、第1章でBCMと防災との違いについて説明しましたが、インシデント対応計画の部分は防災の範疇に当たるという観点もあります。

もし、御社ですでに「地震対応マニュアル」のように防災の範疇で作成された文書がつくられているのであれば、それをそのままインシデント対応計画としてもよいでしょう。その際にも、インシデント対応計画が分かれていたほうが好都合です。

文書を分割するかどうか判断するポイント

ここまで、文書を一体とするか別々に分けるかというような話が何度か出てきましたが、ここで文書を複数に分割する目的や理由について簡単にまとめておきますので、文書構成を検討する際の参考にしていただければと思います。

文書構成を検討する際に考慮すべきなのは、主に「読み手にとっての使い勝手」と「改定作業のしやすさ」の2つです。

読み手にとっての使い勝手とは、端的に言えば「読み手にとって必要なことがすべて書いてあり、それらがどこに書いてあるか探しやすい」ということです。また、必要なことを探しやすくするためには、不要なことが一切書いてないことが望ましいでしょう。

例えば、製造部門の方々にとっては、営業部門の作業手順が書かれていてもほとんど役に立たないでしょう。したがって、作業手順のマニュアルなどは、部門別に分けてつくったほうが合理的です。また、改定作業のしやすさという観点からは、承認者に応じて文書を分けることを検討すべきです。事業継続に関する基本方針などが書かれている文書は、作成や改定の際には経営層が承認すべきですが、現場の作業手順などであれば課長の承認で十分でしょう。ところが、これらが同じ文書に書かれていたら、現場の作業手順を変える度に経営層の承認が必要になってしまいます。

このような点を考慮し、御社の状況を踏まえて、どのように文書を分割するのが合理的か検討してください。

2　BCPに最低限これだけは書こう

BCPに含むべき内容

BCPに含むべき内容は、概ね次のようになります。

① インシデント対応や事業継続に関する基本的な方針

② 目標復旧時間

③　事業継続戦略
④　インシデント対応体制
⑤　事業継続を実現するための具体的な手順
⑥　記録や報告に使う帳票や文書雛形（テンプレート）
⑦　各種連絡先リスト

ＢＣＰの内容①　インシデント対応や事業継続に関する基本的な方針

インシデント対応に関する会社としての基本方針を、インシデント対応計画の最初のほうに明文化しておきます。これは、例えば従業員の安全を最優先するとか、近隣および地域社会、公的機関に対してどのように行動するかといった内容が含まれるでしょう。

「従業員の安全を最優先する」というのは当たり前の話なので、あらためて明文化する必要があるのかと疑問に思われるかもしれません。しかしながら、当たり前のことでもあえて文書化して会社としての姿勢を明確にすることは重要ですし、緊急事態が発生したときに再び見られるようにすることで、混乱した状況においても重要な方針を見失わないようにするという意味も含めて、明文化することをおすすめします。

また、事業継続に関する会社としての基本的な方針も明文化して、ＢＣＰの最初のほうに記載しておきます。これは、第2章で検討したＢＣＭの目的をシンプルにまとめて記載するのがよいでしょう。これも混乱した状況から事業再開に向けて動き出すときに、基本的な方針を再確認できるようにするために重要です。

ＢＣＰの内容②　目標復旧時間

第3章で検討した製品・サービスの提供に関する目標復旧時間は、ＢＣＰに基づいて活動する上で非常に重要ですので、ＢＣＰに必ず記載してください。

一方、第4章で検討した各プロセスごとの目標復旧時間については、すべてを詳細にＢＣＰに記載する必要はないかもしれませんが、主要なものだけでも記載されていると役に立ちます。

特に、時間的に最も条件の厳しいプロセスや、全体の足を引っ張りかねないプロセスに関する目標復旧時間は要注意なので、記載されていたほうがよいでしょう。

また、紅葉山食品の例における「原材料調達」（134ページ参照）のように、製品・サービスの提供に関する目標復旧時間との差が大きいものが記載されていると、作業の段取りや資源の配分に役立つ可能性があります。

ＢＣＰの内容③　事業継続戦略

第5章で検討した事業継続戦略を記載します。基本的に事業継続戦略は資源ごとに検討されますが、169ページで説明したように複数の資源またはプロセスをまとめて扱う事業継続戦略もあり得ます。

もし、まとまった単位での事業継続戦略があれば、ＢＣＰの最初のほうにまとめて記載されていれば、そこを読むだけでＢＣＰの概略がわかるようになります。

ＢＣＰの内容④　インシデント対応体制

災害や事故などのインシデントが発生した場合に、それに対応するための組織体制（対応体制）を言います。「災害対策本部」などといった名称で呼ばれることも多いと思います。具体的な内容については、201ページで別途詳しく説明します。

ＢＣＰの内容⑤　事業継続を実現するための具体的な手順

第5章で検討した事業継続戦略を実行に移す際に必要な、より詳細な手順を記載します。ただし、必ずしもすべての手順を詳細に記載する必要はありません。闇雲に詳しく書き過ぎて、文書のページ数が増え過ぎたら、使いにくい文書になってしまいます。

事業継続戦略だけ書いてあれば、あとは手順書を見なくてもできるというような部分に関しては、思い切って記載を省略してもよいと思います。

逆に、手順が平常時と異なるものや、平常時に全く使わない特殊な装置の使い方などについては、詳しくわかりやすく記載する必要があります。このあたりに関しては214ページで別途説明したいと思います。

なお、「手順」というと文章で書かれたものを連想される方が多いと思いますが、手順の内容によってはフローチャートの形にまとめることも効果的です。

また、細かい手順までは書かないとしても、実施すべき事項をチェックリストの形でまとめておけば、インシデント発生後の混乱した状況の中でも、必要な作業を漏れなく実施できる可能性が高まります。

ＢＣＰの内容⑥　記録や報告に使う帳票や文書雛形（テンプレート）

インシデント対応で使用することを想定して様々な帳票や文書雛形が用意されていると、作業の簡略化や効率向上などのメリットがあります。

これらは、ＢＣＰの中に書くというよりは、ＢＣＰに合わせてつくっておき、使いやすいように別ファイルで保管しておくのが現実的でしょう。手書きで使うことが想定されるものに関しては、必要な枚数を見込んで印刷しておくとよいと思います。

すべての企業に最もおすすめしたいのは、インシデント対応中の活動内容や結果などを記録するフォームを用意しておくことです。

もちろん、フォームを用意するだけでなく、それを使って誰が記録するかを決めておくことも必要です。

これは、発生したことを時系列で記録していく簡単な形で十分です。このような記録がされるだけでも、インシデント対応における混乱をかなり減らせます。

また、各部門から災害対策本部などに報告される事項についても、定型化が可能であれば報告用の帳票をつくって形式を統一すると、災害対策本部での情報集約作業がかなり楽になります。

インシデント対応において公的機関への報告が必要となる企業であれば、報告すべき内容を確認し、報告用の書式をつくっておくとよいでしょう。もし、公的機関から書式の指定がある場合は、それを確実に使えるように準備しておきます。

上場企業やマスメディアを通した広報が必要となるような企業であれば、対外広報に使う文章の雛形を用意しておくことも広く行われています。

特に大規模災害が発生した後の対外広報においては、メッセージの出し方を少し間違えるだけで大問題に発展しかねないので、平常時のうちに広報部門が中心となって対外広報の方針や発表内容、タイミングなどを十分検討しておく必要があります。

ＢＣＰの内容⑦　各種連絡先リスト

インシデント対応において必要となる連絡先のリストをまとめておきます。具体的には、インシデント対応に当たる従業員の連絡先、事業継続において重要な業務委託先や設備メーカー、保守サービス会社などのリストなどが考えられます。

インシデント対応に関して公的機関への連絡や報告およびマスメディアを通した広報が必要となるような企業であれば、これらに関する連絡窓口の情報も必要となります。

これらの情報は、インシデント対応のときだけでなく平常時にも使われますし、BCPなどに比べると更新される頻度が高いと思われます。

したがって、インシデント対応計画やBCPの中に記載するよりは、平常時に使い勝手のよい形で作成・保管しておくほうが現実的といえます。

ただし、災害などでITが使えなくなったときでも支障がないように、常に最新版を印刷しておくなど、インシデント発生時にも直ちに使える状態にしておいてください。

BCPに書くべきではないこと

逆に、BCPに書くべきでないことについても触れておきたいと思います。

「書いてはいけない」とか、「こういうことが書いてあったらBCPとは言えない」などということはありませんが、BCPの使い勝手や文書管理の都合を考慮すると、書かないほうがよいと考えられるものです。

これは一言で言えば、「インシデント対応に不要なことは書かない」ということです。基本的に、BCPはインシデントが発生した後に使うものです。

そのような文書に、事業影響度分析の方法や演習の計画など、平常時の活動に関することが書かれていても邪魔なだけです。

しかしながら、本書でこれまでに説明してきた、ＢＣＭに関する平常時の活動の中には、検討結果を文書化すべき事柄がいくつかありました。

例えば、第2章で説明したＢＣＭの目的や適用範囲、年間計画、第3章から第4章にかけて説明した事業影響度分析やリスクアセスメントの結果などです。これらに関してはＢＣＰに書かず、別の形で文書化すべきです。

平常時の活動に関する内容はどのように文書化するか

図表21は、平常時の活動に関する文書まで含めたＢＣＰ関連の文書構成の例です。

右側の「インシデント発生時に用いる文書」の部分は、レイアウトの都合から縦に配置していますが、実質的に図表19と同じです。

左側の「平常時に用いる文書」の構成は、あくまでも筆者のおすすめする形ですので、実際には御社にとって使いやすい形をご検討いただければと思います。

例えば、「事業継続マネジメント規程」、「事業影響度分析実施手順」、「リスクアセスメント実施手順」を1つの文書にまとめてもよいでしょう。

「事業継続マネジメント実施計画」は、第2章で説明したＢＣＭの年間計画です。これは、規程などと違って毎年必ず作成されるべきものです。また、事業影響度分析およびリスクアセスメント

【図表 21　平常時の活動に関する文書を含む文書構成の例】

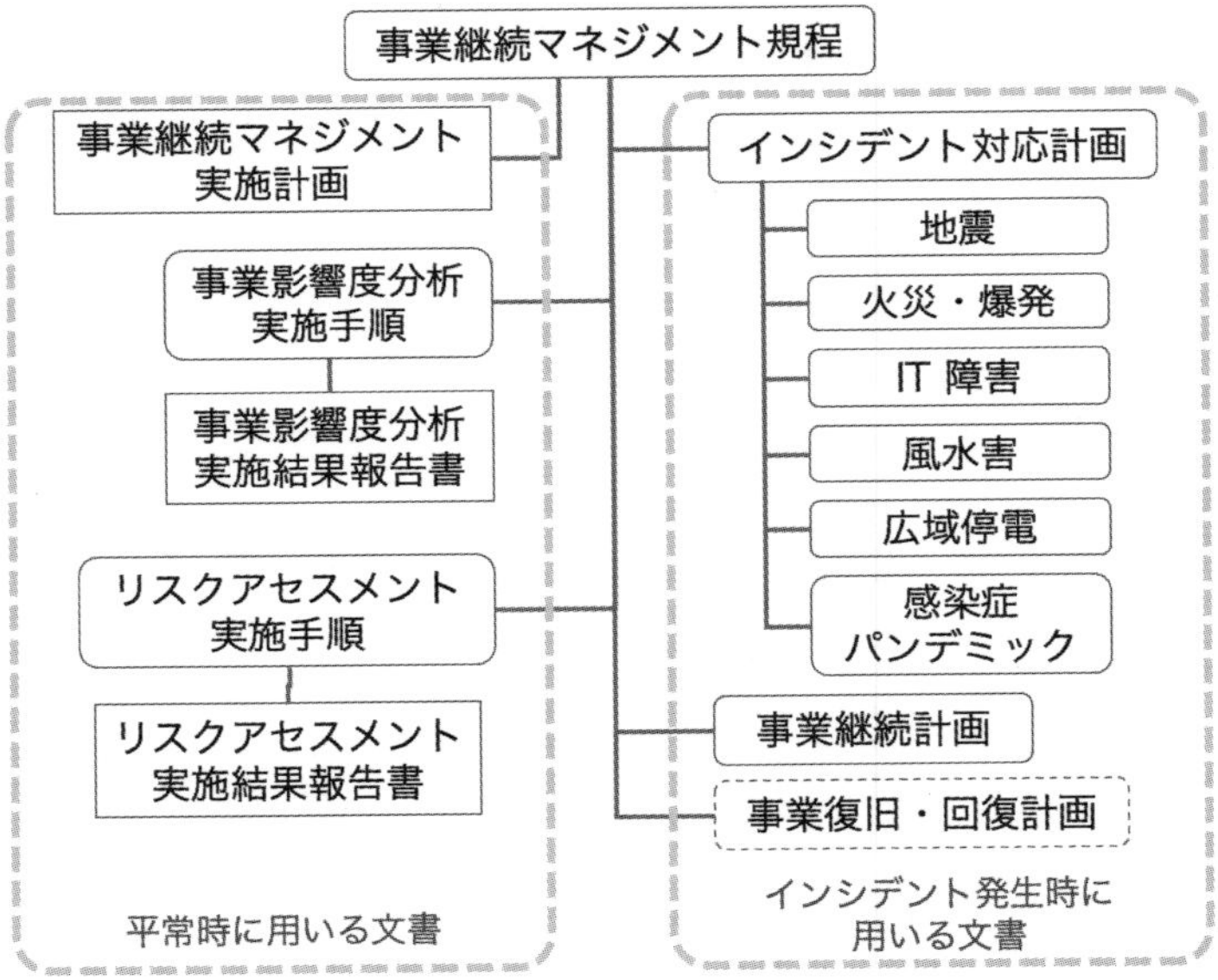

の実施結果報告書は、それぞれの実施手順に基づいて分析・評価が行われた結果を記録するものです。これらは、規程や手順とは位置づけが異なるため、図の中で形を変えて示してあります。

ちなみに国際規格ＩＳＯ２２３０１では、平常時の活動に関する内容をＢＣＰと分けて文書化するという考え方は示されているものの、図表21のような形までは示されていません。企業における規程などの文書体系に対する慣習や考え方は、国によっても異なりますので、国際規格ではそこまで具体的に示されなかったものと思われます。したがって、図表21は、あくまでも筆者からおすすめする形です。

3　どのような体制で緊急事態に対応するか決めておこう

自社に合ったインシデント対応体制をつくる

企業における一般的な組織体制は、平常時の事業活動における分業や情報共有、意思決定などが効率よく行われるように最適化されていることが多いため、インシデント発生後の切迫した状況で状況変化に応じて迅速に意思決定していくには不向きです。また、平常時の事業活動に必要な機能と、インシデント対応に求められる機能は異なります。

このような理由から、事業中断を伴うようなインシデントが発生した場合は、インシデント対応に適した組織体制に切り替えることが推奨されています。実際に多くの企業はもとより、政府や自治体などの公的機関なども含めて、「災害対策本部」などといった名称で、インシデント対応体制が定められています。

ここでは、多くの企業におけるインシデント対応に共通で求められる機能を踏まえて、インシデント対応体制を検討するポイントをまとめておきたいと思います。実際にどのような組織体制が必要になるかは、各企業ごとの個別事情によって異なりますが、次に説明する内容を参考にして自社の事情に合った組織体制をご検討ください。

また、もし自社で既に地震などの災害が発生した場合の対応マニュアルなどを作成済みで、インシデント対応体制も決められているのであれば、それをうまく活用していただければよいと思います。そして、次の内容をお読みいただき、もし自社の対応体制に足りないものがあれば、必要に応じて追加・修正をご検討いただければと思います。

インシデント対応体制のお手本「インシデント・コマンド・システム」

図表22は、インシデント対応体制の基本的な組織構成の例です。これは、米国で「インシデント・コマンド・システム」（Incident Command System：略称ＩＣＳ）として体系化された緊急事態対応システムで採用されている組織体制の基本的な部分を簡略化して和訳したものです。

ＩＣＳは、もともと米国の公的機関で、連邦政府から州政府、地方自治体レベルまで共通で導入されているものであり、近年は民間企業でも採用され始めています。

一般企業でこれを完全な形で導入するのは相当難しいですし、本書でそこまで説明するのも無理なのですが、ＩＣＳにはインシデント対応に必要なことが網羅的に備わっているので、これをお手本として、御社におけるインシデント対応に必要な機能とそのような機能を備えた対応体制を考えることをおすすめしたいと思います。

インシデント対応体制における主要４部門

まず図表22の最も上にある「指揮」というのは、インシデント対応組織全体を統率し、重要な意

【図表 22　インシデント対応体制の基本的な構造の例】

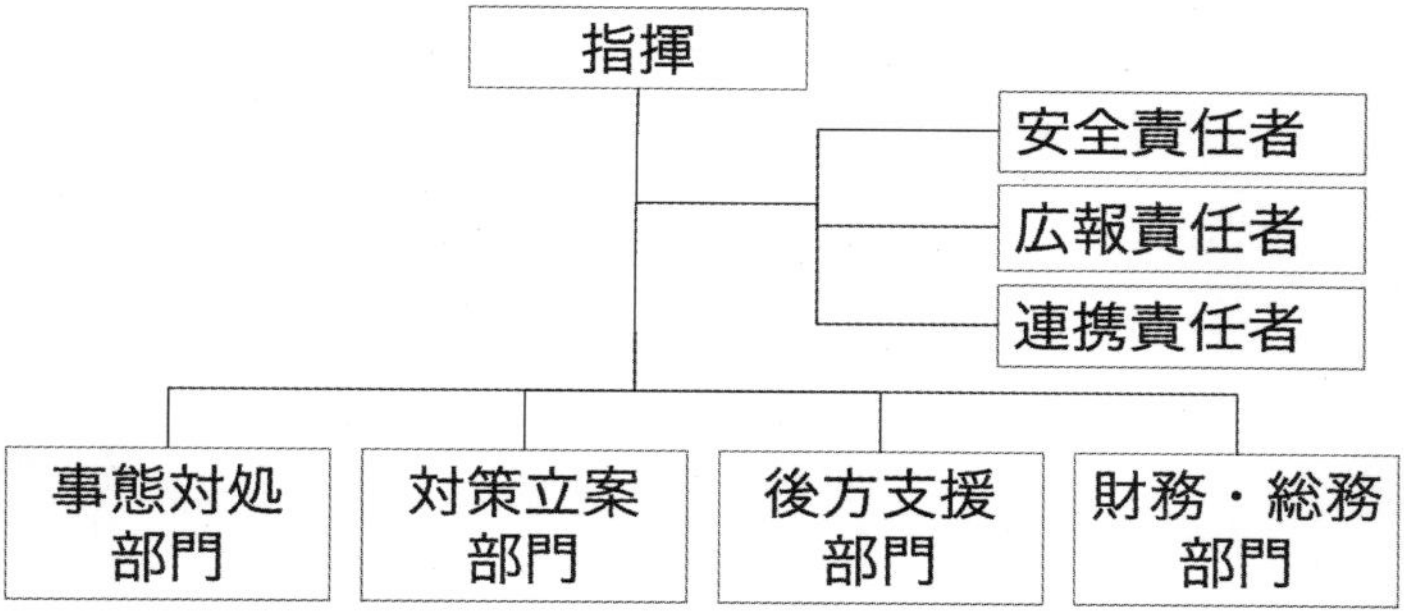

出所：米国国土安全保障省の「Ready.gov」Ｗｅｂサイト
https://www.ready.gov/incident-management（アクセス日：2021 年４月 26 日）の情報を元に筆者作成。

思決定を行う役職です。日本の企業では「災害対策本部長」というような名称が用いられることが多く、社長など経営層の方が務めることが多いでしょう。

その下にある４つの部門が、インシデント対応において必須の４つの機能を分担する形になっています。これらは、「４つの役割」と考えていただいてもいいでしょう。

御社におけるインシデント対応体制を、これと全く同じように４つの部門に分ける必要はありませんが、これらの４つの機能を何らかの形でカバーできるような組織体制をお考えいただければと思います。

最も左に書かれている「事態対処部門」とは、今まさに発生しているインシデントに対応する組織です。火災であれば消火活動とか負傷者の救命救護など、企業において事業中断が発生した場合には、事業継続戦略に基づいて製品・サービスの提供を再開するための活動すべてがここに含まれます。

その隣にある「対策立案部門」は、情報収集や被害状況の評価、状況分析や予測などを行い、今後どのように対処すべきかを立案します。

「後方支援部門」は、インシデント対応のために必要な資源の準備を担う部門です。ここで「資源」には、事態対処部門で必要となる資機材はもちろんのこと、スタッフに必要な食糧や日用品、休息・宿泊場所、移動手段、通信手段など、様々なものが含まれます。

最も右側にある「財務・総務部門」は、インシデント対応において発生する金銭の支払いやコスト管理、従業員の労務管理などを担当します。

インシデント対応体制を支える3つの「責任者」

図表22には、前述の4つの部門とは別に、「指揮」のすぐ下に3つの責任者が書かれています。これらは、4つの部門には属さずに、独立した立場で「指揮」をサポートするという位置づけで、重要な役割を担っています。

「安全責任者」は、インシデント対応における活動全般を、従業員の安全確保や二次災害の防止などの観点から監督します。

具体的には、従業員が危険区域に入っていないか、危険な方法で作業をしていないか、適切な保護具を着用しているかなどを監視し、もし何らかの問題を見つけたら活動を一旦止めさせて是正させます。

「広報責任者」は、対外広報全般を統括します。企業においては、平常時からメディアとの接点を持つ広報部門（または広報担当者）が担当するのが一般的でしょう。

なお、平常時にマスメディアを通した広報活動などを行わないような企業であっても、大規模災害発生時などのインシデント対応時には、メディアから取材が来ることもありますし、自社Ｗｅｂサイトからの情報開示も含めて、何らかの対外広報活動が必要となる場合があります。したがって、中小企業や知名度の低い企業であっても、広報責任者を決めておくべきでしょう（他の役割と兼任でも結構です）。

「連携責任者」は、他の組織と連携してインシデント対応に当たる際の窓口となって組織間の連絡調整を行います。例えば、広域災害が発生した場合は、近隣の企業や地元自治体などと連絡を取り合う場合があり得ます。オフィスビルに入居している企業であれば、他の入居企業やビル管理会社との間の連絡調整もあるでしょう。

サプライヤーや業務委託先、あるいは顧客などのように、平常時から連絡を取り合う関係ができている組織との間に関しては、連携責任者が関わる必要性は低いと考えられます。一方で、広域災害の発生によって、普段あまり連絡を取り合うことのなかった組織との間での連絡調整が必要になる場合があります。このような場合は、連携責任者が窓口となるのが合理的でしょう。

企業においてインシデント対応体制をどのように構成するか

図表22では、４つの部門が同じ大きさで描いてありますが、恐らく多くの企業においては、実際

【図表23　製造業におけるインシデント対応体制の例】

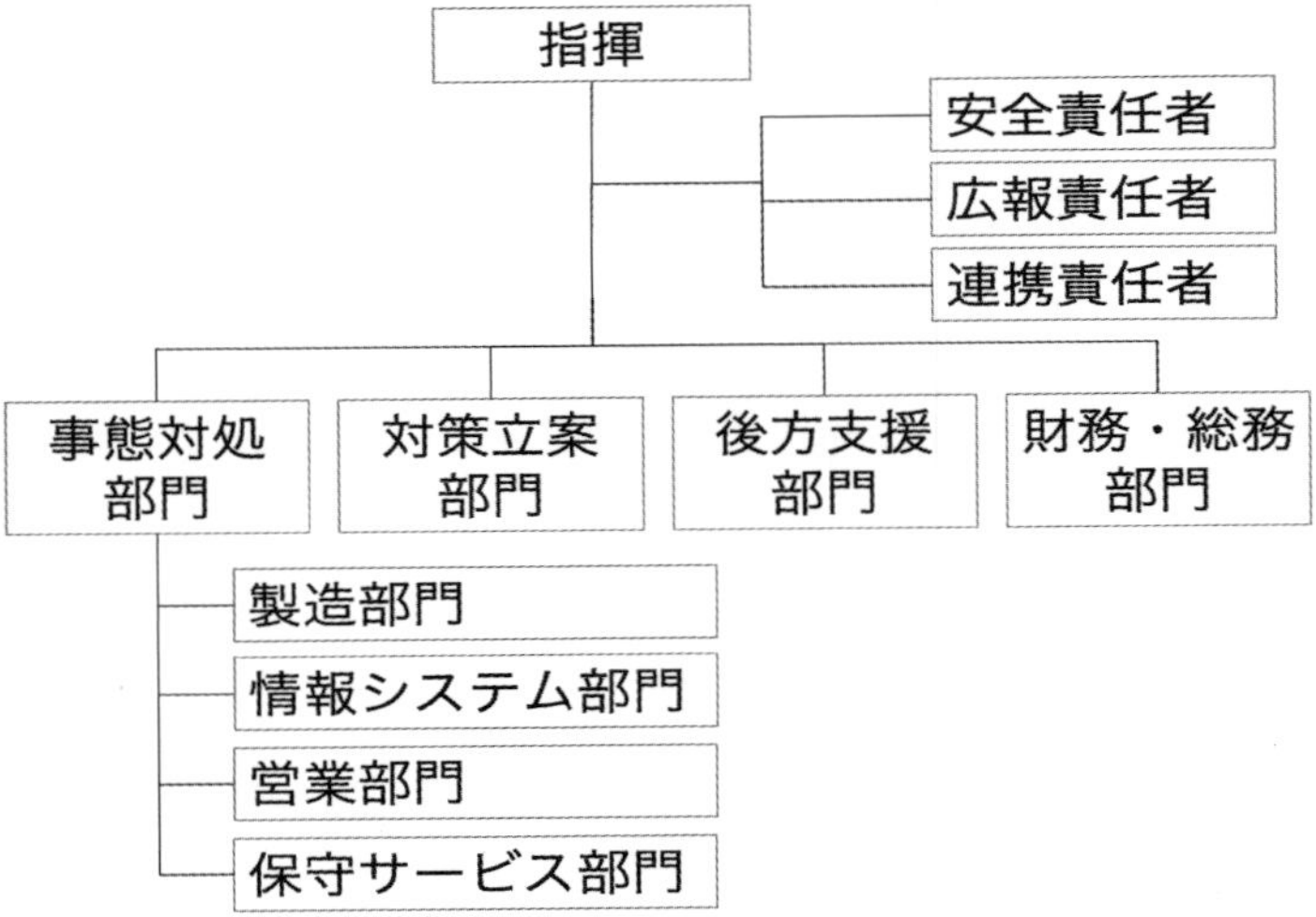

出所：米国国土安全保障省の「Ready.gov」Ｗｅｂサイト
https://www.ready.gov/incident-management（アクセス日：2021年4月26日）の情報を元に筆者作成。

の組織規模（人数）は事態対処部門に大きく偏るはずです。それは、もちろんＢＣＰに基づいて製品・サービスの提供を再開させるための活動を主に担うのが事態対処部門だからです。

　これをもう少し具体的に表現すると、図表23のようになります。なお、図表23では製造業を想定して例示しましたが、事態対処部門の下には御社の主要な事業部門が配置されるとお考えください。

　事態対処部門を除いた3つの部門は、事態対処部門の活動を支える重要な機能を担うことになります。しかも、平常時とは全く異なる業務を大量にこなす必要があるため、あらかじめ十分な人数を配置し、平常時のうちに訓練や演習を通して業務内容を把握しておくといった事前準備が不可欠です。

一方で企業において、総務、人事、経理・財務といった管理部門で潤沢な人材を抱えているということは少ないので、管理部門の方々だけでこれらの3つの部門を運営するのは一般的には難しい場合が多いと考えられます。したがって、これら3つの部門に対して、製造部門や営業部門などの事業部門から人員を送り込むことを検討すべきでしょう。

ただし、財務・総務部門に関しては、経理・財務や人事の実務がわからないと難しいと思われるので、主に対策立案部門と後方支援部門に対して、事業部門からある程度の人数を投入するのが現実的だと考えられます。

インシデント対応体制は事業所ごとに必要

もし御社が、本社から地理的に離れた場所に工場などの事業所をお持ちであれば、そちらの事業所にも同様のインシデント対応体制が必要になります。

工場で火災や大規模な事故が発生した場合や、工場が立地する地域で災害が発生した場合などでは、本社から現場の状況がわかりにくいことが多く、かつ連絡がとりにくくなる場合もありますので、本社の指示を待たずに現場で意思決定し行動できる体制がないと、発生したインシデントに対して迅速に対応できなくなります。

本社に設置される「災害対策本部」に対して、「現地対策本部」あるいは「○○工場災害対策本部」

などといった名称が用いられることが多いのですが、図表22でお示ししたような体制を事業所側でも構成して、本社の災害対策本部と連携して、本社の支援を受けながら事業所におけるインシデント対応を指揮統制できるようにするのが合理的です。

緊急事態のための後方支援体制をしっかり準備しよう

ここで筆者が強調したいのは、後方支援の重要性です。特に、大規模災害が発生した後は、後方支援のよし悪しが事業継続の結果を大きく左右すると言っても過言ではありません。この点をご理解いただくための例として、東日本大震災で被災した企業の事例をご紹介したいと思います。

その企業では、福島県にある工場の建物や設備の一部が地震で損傷したため、工場の操業が完全に停止しました。

そこで、工場の建物や設備を復旧させるために、直ちに建設会社や設備メーカーに連絡を取り、復旧作業を要請しました。ところが、技術者の宿泊場所や食事が確保できる状況でないと、技術者を派遣できないと言われてしまいます。

実際、当時は、工場周辺のホテルや旅館、飲食店などの多くが被災して休業していたため、もし建設会社や設備メーカーの技術者が現地に行けたとしても、宿泊や食事ができない状況でした。

そこで同社では、工場の従業員向けの寮の一部を使うなど、様々な方法で宿泊場所を手配したり、離れた地域の弁当業者と契約してお弁当を毎日配達してもらえるようにしたりして、建設会社や設備メーカーの技術者を受け入れる体制を準備しました。このような準備をすることで、ようやく技術者に来てもらえるようになり、工場の復旧作業が始まったそうです。

しかも、当時は、多くの企業が被災しており、復旧作業のための人材が不足していましたので、もし宿泊場所や食事などの準備が遅れたら、必要な技術者を確保できなくなる可能性すらありました。

これは少々極端な例だと思われるかもしれませんが、同じようなことは今後発生する災害でも十分起こり得ることです。御社が何らかの事故や災害に直面したときに、どのような後方支援が必要になるかを想像した上で、インシデント対応における後方支援に必要な体制を具体的に検討し、十分な人数を割り当てて準備してください。

中小企業でもこのような体制が必要なのか

中小企業の方々の中には、本章で説明したようなインシデント対応体制を自社で実践するのは無理なのではないかとお感じになった方もおられると思います。そこで、中小企業におけるインシデント対応体制の考え方について、簡単に説明したいと思います。

まず、図表23で示されている各部門および責任者が担当している役割は、中小企業においても必要になります。事態対処はもちろんのこと、対策立案部門が担当するような情報収集・分析や物資の調達や輸送などの後方支援、経理・財務処理や労務管理などは、中小企業といえども誰かがやらなければなりません。安全面の監督や対外広報、他組織との連携についても同様です。

特に、対外広報については、自発的に広報活動を行う必要がなくても、大規模な災害や事故などであれば、地元新聞社などの取材はあり得ますので、そのような取材への対応は必要になります。

しかしながら、組織が小規模であれば、平常時の事業活動とインシデント対応時との間で、情報伝達や意思決定の仕組みが全く変わらない（変えるほど人数がいない）ということも多いと思いますので、「災害対策本部」のような組織体制にする必要性は低いと考えられます。

したがって、図表23に示されている部門の役割を、社長さんを中心に役員など管理職の方々の間でどのように分担するかを決めておくというのが、現実的な方法なのではないでしょうか。従業員数が数人程度の企業であれば、これらをすべて社長さんが考えて従業員に指示するという形もあり得るでしょう。いずれにしても、図表23のような機能が必要であることを踏まえた上で、これらをカバーできるように役割分担をあらかじめ決めておくことが重要です。

そして、第7章で説明するような演習を通して、それらの役割をどのようにこなしていくのかを確認できれば、インシデント対応のための特別な体制を用意する必要はないと考えられます。

4　緊急事態における法的要件を確認しておこう

様々な場面で発生する法的問題

インシデント対応や事業継続に関して、様々な場面で法的問題が発生する可能性があることも、忘れてはならない重要な観点の1つです。

まず、企業と従業員との関係においては、労働法と総称される様々な法律があり、雇用や賃金、職場における安全確保など、様々な要件が定められています。これらは、原則として、大規模な災害が発生した場合でも遵守しなければなりません。

したがって、事業中断に陥っている間の労務管理や給料の支払い、災害の影響で負傷した場合の労災保険の適用などといった様々な事案を、災害による特殊な条件のもとで法的要件を正しく理解し、適法に処理していく必要があります。

あまり考えたくないことではありますが、過去に発生した災害において、企業が従業員の遺族から訴えられたという事例もあります。具体的な事例としては、東日本大震災における七十七銀行女川支店で、津波で流された従業員の遺族から損害賠償が求められた例などがあります（新建新聞社「リスク対策．ｃｏｍ」Ｗｅｂサイト「七十七銀行判決（２０１4年2月25日仙台地裁）の意義」https://www.risktaisaku.com/articles/-/919　アクセス日：２０２1年4月28日）。

訴訟を起こされるリスクをなくすことはできませんが、法的観点からどのようなことが企業に求められるのかを確認した上で、それらの要件に対して御社の状況がどのようになっているかを把握し、足りないところは改善していくという取組みも必要でしょう。

また、顧客との関係においても、大規模災害によって事業中断が発生し、顧客に対する製品・サービスの提供が滞り、契約で取り決めた義務を果たせなかった場合、その結果として発生した損害を賠償する義務があるのかというような問題もあります。

東京都内の企業に対しては、「東京都帰宅困難者対策条例」が適用されます（東京都防災ホームページ https://www.bousai.metro.tokyo.lg.jp/kitaku_portal/1000050/1000536.html　アクセス日：２０２１年4月26日））。これは努力義務ではありますが、大規模災害によって公共交通機関が運行を停止した場合に従業員が帰宅できなくなることを想定して、帰宅困難者対策に取り組むことが求められています。

以上は、多くの企業に当てはまりそうな一般的なものですが、他にも事業内容に応じて様々な法的要件が定められている場合があります。特に許認可を必要とするような事業や、公共性の高い事業については注意が必要でしょう。

筆者は、法律に関しては専門外ですし、緊急事態や災害に関する法的問題だけでも本が何冊も書かれているような分野ですので、本書ではこれ以上の言及を控えますが、巻末の「参考文献」に記載した関連書籍をご参照いただくか、弁護士や社会保険労務士に相談されるなどして、法的要件を十分考慮した上で、必要な準備を進めていただければと思います。

5　ＢＣＰの雛形を有効に活用しよう

本章では、ＢＣＰに記載すべき内容について説明してきましたが、読者の皆様の中には、これらをどのような形で文書化すればいいかわからないという方も少なくないでしょう。そのような方々は、ぜひ、ＢＣＰの雛形（テンプレート）を入手してください。

インターネットで検索していただければ、様々な形の雛形が公開されているのが見つかると思いますが、ここでは筆者の知る範囲で、本書の内容と相性がよさそうなものを3つ紹介します。いずれもサイトにアクセスしていただくと、ＢＣＰの雛形だけでなく記入例も掲載されているので、出来上がりのイメージも掴めるのではないかと思います。

- 中小企業庁「中小企業ＢＣＰ策定運用指針」
  https://www.chusho.meti.go.jp/bcp/
- 高知県 商工労働部 商工政策課「南海トラフ地震に備える企業のＢＣＰ（事業継続計画）策定のための手引き【改訂版】」 https://www.pref.kochi.lg.jp/soshiki/151401/bcp-tebiki.html
- 愛知県 中小企業金融課「中小企業向け事業継続計画（ＢＣＰ）策定マニュアル」
  https://www.pref.aichi.jp/soshiki/kinyu/aichi-bcp.html

ＢＣＰの雛形を上手に活用するポイント

まず、前提として、これらの雛形は、ＢＣＰの正解や理想形を示しているものではないということを忘れないでいただきたいと思います。

前節でご紹介した3つのサイトは、いずれもより多くの企業にＢＣＰをつくってもらうことを目的としています。したがって、これらのサイトで配布されている雛形は、できるだけ多くの企業にとって使いやすいように配慮してつくられています。たとえるなら既製品の服のようなものです。

これをそのまま使ってもよいのですが、御社にとって都合の悪いところは遠慮なく手を加えていただいて構いません。また、3つのサイトで配布されている様々な雛形を見比べて、御社のニーズに合う部分だけ「いいとこどり」してもよいでしょう。

雛形は、あくまでも素材、もしくは参考資料と考えていただき、使えるところは上手に活用しながら、御社にとって使いやすいBCPを目指してください。

6　どこまで詳しくBCPに書く必要があるか見極めよう

文書化の手間を減らす

第1章で「BCPをつくることには極力手間をかけずに済ませよう」と申し上げましたが、その一方で、本章ではBCPに最低限含むべき項目を7つも挙げています。これらをすべて文書化しようと思ったら結構な手間になりそうです。

そこで、BCPに書くべきことをしっかり書きつつ、文書化にかかる手間を減らす方法について説明したいと思います。

一般的に、BCPの文書化に当たって最も手間がかかるのは、前述の7項目のうち「事業継続を実現するための具体的な手順」の部分です。その理由は、手順を詳細に書き始めると文書の分量がどんどん増えていくからです。

したがって、手順をどの程度まで詳しく書くかをうまく見極められれば、ＢＣＰとしての機能を損なわずに、文書化の手間を減らすことができます。

基本的には、次の３つの基準を中心に判断します。

㋐　手順が平常時と同じであれば書かない。

㋑　右の㋐以外でも読み手が既に知っていると思われることは書かない。

㋒　右の㋐、㋑に当たるものでも間違えたときの影響が大きいものは書く。

手順が平常時と同じもの

予備の機材を使って作業する場合や、別の場所に移って作業する場合などは、代替手段が用意できた後の手順は平常時と同じになるので、それ以降の手順を書く必要はないでしょう。

一方で、平常時と異なる資源で代用する場合（例えば、メールの代わりにＦＡＸを使う場合など）は、平常時と異なる部分を明確にして、異なる部分をわかりやすく記述する必要があります。

読み手が既に知っていると思われること

平常時と手順が異なる場合や平常時とは異なる資源を使う場合であっても、読み手が既に知っていると思われることは省略しましょう。

前述の例で言えば、メールの代わりにFAXを使う場合でも、FAXの使い方まで書く必要はないと考えられます（若い世代だとFAXを使ったことがないという人もおられるようですが…）。

ただし、平常時と手順が同じであっても、一時的に別の部署の方に代行してもらうとか、アルバイトを雇うなどの理由で読み手が変わる場合には、読み手が手順を全く知らないという前提で詳しく書く必要があるかもしれませんので、この点に関しては注意が必要です。

間違えたときの影響が大きいもの

安全確保の観点から間違いを防ぐべきものや、品質を確保するために確実に実施すべきことなどについては、前述の㋐、㋑に当たるものであっても、説明を省略せずに書くべきかもしれません。

これらに関しては、詳細に手順を書くよりも、簡潔に注意喚起のみを書く方法もあると思います。

それでも見極めが難しいときは

これらのうち、特に「読み手が既に知っていると思われること」の見極めは難しいかもしれません。同じ部署にいる方々の間でも、知識や理解度のレベルはまちまちだと思われますので、誰に合わせればいいのかという問題もあります。

そのような場合は、事業継続戦略をひととおり記載しつつ、その戦略を実施するための手順は一切書かずに、ひとまずＢＣＰを完成させ、演習の結果を踏まえて手順を加筆するという方法もあります。

演習の方法については、第7章で説明しますが、手順が書かれていないＢＣＰを使って、実務でそれらの作業を担当する方々に、「机上演習」と呼ばれる方法で演習を実施していただきます。すると、どの部分の手順がわからないか、どのようなことが事前に決まっていないと困るかなどが具体的に明らかになります。その結果を踏まえて、必要な部分のみを文書化すればよいのです。

手順が一切書かれていない状態でＢＣＰを「完成」したことにしてしまうというのは、ちょっと乱暴ではないかと思われるかもしれませんが、特に初めてＢＣＰをつくるときは、このくらい割り切って進めないと、なかなか終わらないものです。

また、後から不要になるかもしれないことまで文書化することに手間と時間をかけるよりは、不完全な状態であっても作業にいったん区切りをつけ、必要な部分を後から足すようにしたほうが、全体として無駄が少なくなるという考え方もできます。最初から完璧を目指そうとせず、現実的かつ合理的な方法で作業を進めていただければと思います。

7　ＢＣＰは「災害が発生した直後に見直す」前提でつくろう

インシデントが発生したときは目標復旧時間を再設定する

第３章の目標復旧時間の決め方に関する説明のところ（114ページ参照）で述べたとおり、ＢＣＰに記載される目標復旧時間は、あくまでも計画を作成した時点での仮の目標と考えるのが合理的です。

事故や災害などが発生した後に、事業再開や復旧にどの程度の時間が必要となるかは、発生した被害の状況や、社会インフラやサプライヤー、業務委託先など社外の状況に大きく左右されますし、それらを計画作成時に予測することは非常に困難です。

したがって、BCPを作成するときには、一定の条件（仮定）に基づいて目標復旧時間を書かざるを得ませんので、実際に何らかのインシデントが発生したときには、社内外の情報を収集し、状況を評価した上で、それらを踏まえて目標復旧時間を再設定する必要があります。

具体的には、インシデント対応計画の中で、社内外の情報収集と状況評価を行うことと、それに基づいてインシデントへの対応方針と目標復旧時間を決めること、およびそれらを社内に周知することを、一連の手順として書いておくとよいでしょう。

そして、このように対応方針や目標復旧時間を決めたり、それらを周知するというプロセスは、インシデント発生直後だけでなく、何度か発生することがあります。

インシデント発生直後の状況では短期間で決着すると思われたものの、着手した後に予想以上に作業が難航した場合には、目標を長めに再設定したほうがよいかもしれません。もちろん、その逆もあり得ます。

図表22でお示しした対応体制においては、このような対応方針や目標復旧時間の検討・再設定を「指揮」の立場の方が行い、それを社内に周知して足並みを揃える必要があります。このような役

割や手続を、インシデント対応計画に記述してください。

8　作成したＢＣＰを社内に周知しよう

ＢＣＰの趣旨や内容を社内に周知

ＢＣＰが作成され、社内で承認されたら、ＢＣＰの趣旨や内容を社内に周知する必要があります。最初は、「そもそもＢＣＰとは何か」というような基礎的なところから、御社におけるＢＣＰの目的や意義、内容の概略などを説明するような、社内説明会などから始められるのがよいと思います。

なお、御社におけるＢＣＰの目的や意義については、本書のような参考書に書かれている一般的な内容ではなく、御社の個別事情を踏まえた具体的な説明にしていただいたほうが、従業員の方々にとっても腑に落ちやすくなります。特に、この部分だけでも社長など経営層の方にご自分の言葉で語っていただけると、従業員の方々に対してよりリアルに伝わると思いますし、会社としてＢＣＭに本気で取り組んでいることを示すこともできます。

また、もっと基礎的なレベルとして、災害対策や事業継続の必要性を理解していただき、問題意識を持ってもらうような、認識向上のための働きかけを行うこともご検討いただければと思います。

前に述べた説明会のような形だけでなく、社内報などのコミュニケーションの中に、ちょっとしたメッセージや情報を差し込むとか、事業所内にポスターを貼るなどの方法を用いたり、新入社員が入社する際のオリエンテーションにBCMの説明を組み込んでいる企業もあります。

実務的なレベルとしては、平常時におけるBCMの活動やインシデント対応において特定の役割を持つ方々に、具体的な手順を理解していただいたり、技術を習得していただくような内容の従業員教育も必要になります。

営業部門や広報部門の方々に対しては、自社のBCMに関する活動を顧客（および見込顧客）やステークホルダーに対してどのようにアピールするか、という観点からの説明や周知が行われるのが望ましいでしょう。

この場合、単にBCPの内容を知るだけでは不十分で、自社がどのような考え方に基づいてBCMに取り組んでいるのか、これまでどのような活動をしてきたのか、今後どのようなスケジュールで進める予定なのか、といった説明ができるようになると、第1章で述べたように、事業継続のための活動を普段の商売に活かすのに役立ちます。

なお、特に営業部門や広報部門に対しては、社外への説明のために開示してよい情報と、外部に開示してはならない情報の区別を明確に示す必要があります。積極的にアピールするあまり、秘密情報が漏れてしまうのは避けなければなりません。そのためには、社外説明用の資料をつくって提供し、必ずその資料を使って説明するよう徹底したほうが、より安全でしょう。

このように、従業員の中でもBCMにおける役割や関与する度合いなどに応じて、適切な方法を使い分けながら、BCPの周知を進めてください。

第7章　演習などを通してBCPを改善しよう

1　自社にどのような演習が必要なのか検討しよう

「演習」と「訓練」

「演習」とは、計画や対応手順の妥当性や準備状況の確認・検証などを主な目的として実施されるものです。本章では、御社で作成されたＢＣＰに基づいて効果的な演習を実施し、ＢＣＰの内容を確認・検証してさらなる改善につなげるためのノウハウを紹介していきます。

ところで、日本では、どちらかというと「演習」という用語よりも「訓練」という用語が使われることが多いようですが、これらの用語は使い分けていただいたほうがよいと思います。

「訓練」とは、手順の理解や習熟度の向上を主な目的として実施されるものです。もちろん、演習を行うことによって、対応手順をより深く理解できるということもあります。また、訓練を行った際の副産物として、マニュアルなどの文書の間違いが見つかることもあります。

このように、実際には演習と訓練との間には相互補完的な部分がありますが、主な目的がＢＣＰの内容の確認・検証であることを明確にするために、本書では「演習」という用語を使います。

ちなみに、ＢＣＭに関する国際規格ＩＳＯ２２３０１では、英語で「exercise」という用語が使われており、これを和訳して作成された日本産業規格ＪＩＳ Ｑ ２２３０１では、これに対して「演習」という訳語が当てられています。

いろいろな種類の演習を使い分ける

ＢＣＭにおいて実施される演習には様々な種類があります。演習の種類には特に決まった定義はなく、分類方法も様々ですので、本書でそれらをすべて網羅することはできませんが、ここでは一般企業のＢＣＭにおいてよく用いられる代表的な演習を４種類ご紹介します。概ね①から④に向かって段々難易度が高くなるとお考えください。

①　ウォークスルー演習

計画書や手順書などを読み進めながら、役割分担や作業手順、使用する資機材やデータなどを順次確認していくという方法です。手順書に沿って一通り歩いてみる（walk through）という意味でウォークスルー演習と呼ばれます。

この方法は、計画書や手順書などを作成した後、初めて演習を行う場合に適しています。また、次に説明する机上演習に向けてのイントロとして実施されることもあります。

②　机上演習（図上演習）

何らかの場面設定に基づいて、どのような判断・行動をすべきか議論していく方法です。現場に行かずテーブルの上で資料を広げて議論することから、英語圏では「table-top exercise」と呼ばれており、日本ではこれが「机上演習」と和訳されています。

なお、地図や事業所のレイアウト図などを使う場合には「図上演習」と呼ばれることもあります。

③　シミュレーション演習

時間の経過とともに状況が変化していくシナリオを準備し、シナリオで提示される状況変化に対してどのように対応していくかをシミュレーションするものです。様々な情報を含むシナリオを作成しておく必要があるほか、時間の経過に合わせて状況付与を行うなど、机上演習に比べて手間がかかりますが、実際のインシデント対応に近い状況を擬似的につくることができます。

④ **実地演習**

実際にインシデント対応を行う場所を使って、できるだけ実際のインシデントに近い状況を再現して行う演習です。シミュレーション演習よりも周到な準備が必要となる大掛かりな演習になります。

自社に合った「演習プログラム」をつくる

演習の主な目的は、ＢＣＰの内容の妥当性やＢＣＰを実行に移すための準備状況の確認・検証ですが、ＢＣＰに記載される内容は広範囲にわたりますので、1回の演習でＢＣＰ全体の確認・検証を行うことはできません。

したがって、必然的に何回かの演習を組み合わせてＢＣＰ全体をカバーできるようにする必要があります。このような意図で複数の演習を組み合わせたものを「演習プログラム」といいます。

図表24は、第6章で例示したインシデント対応体制の全体をカバーするように構成した演習プログラムの例です。破線で示した枠が、個々の演習の対象範囲を示しています。

まず、(A)は、インシデント対応体制（災害対策本部など）の中心メンバー（幹部職員）を対象と

【図表 24　演習プログラムの構成例】

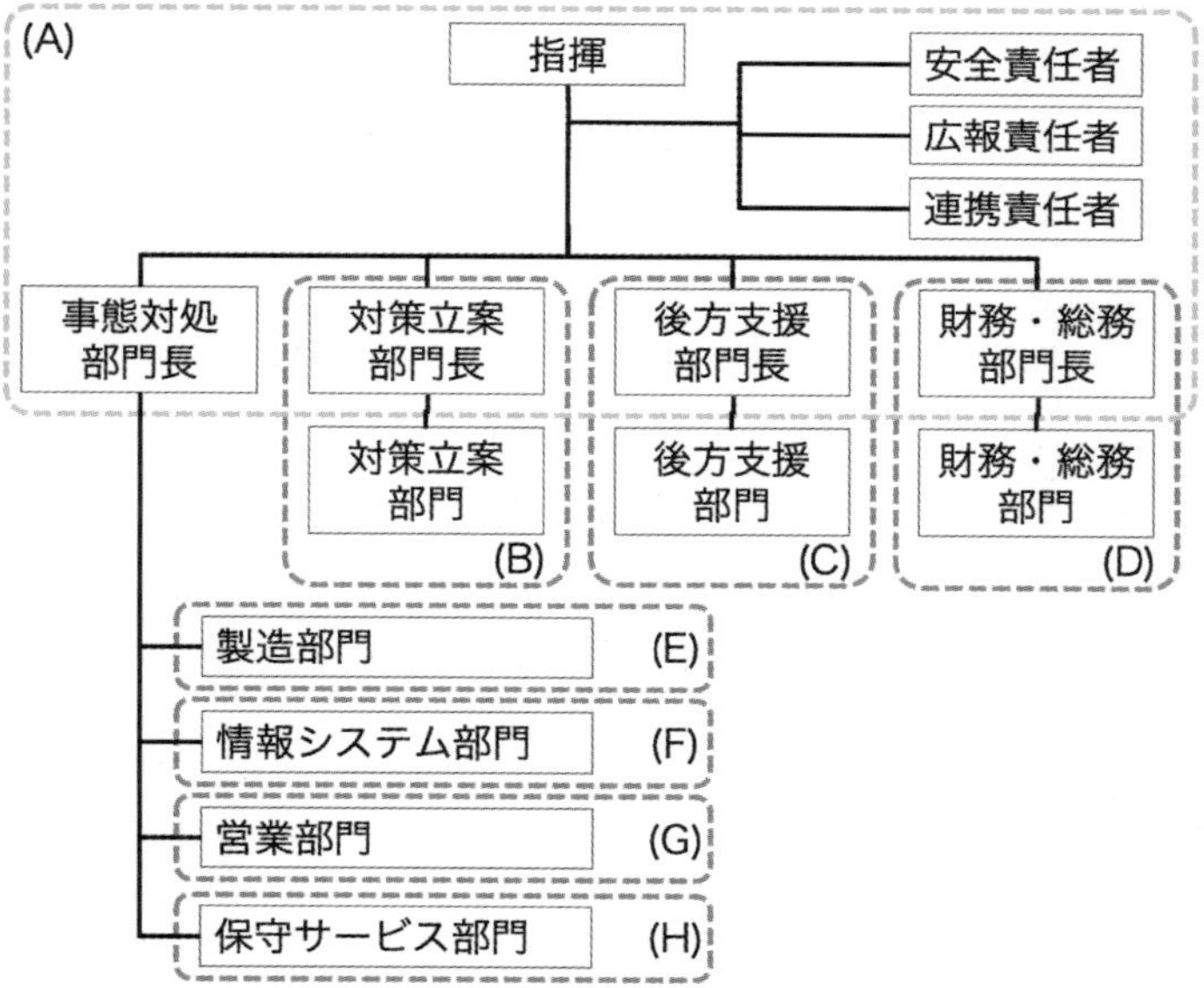

して、インシデント対応における全体的な指揮統制に関する確認・検証を行う演習です。

ここで、「事態対処部門長」としては、その下にある製造部門、情報システム部門、営業部門、保守サービス部門の各部門長（もしくはその一部）が参加することになります。

あくまでも全体的な指揮統制に関する確認・検証を主な目的とし、各部門内部での具体的な手順までは取り扱わないことにすれば、各部門のメンバーまで参加する必要はありません。その場合、各部門における活動結果はシナリオや状況付与などでカバーします。

これに対して(B)から(H)は、各部門ごとの演習です。実務者が参加する演習となるため、(A)の演習よりも具体的な手順の確認・検証が目的となります。

また、各部門における業務内容も多岐にわたると思われますので、各部門ごとの演習をさらに分割したり、複数回実施するなどの方法で、各部門が担当する様々な業務を網羅的に確認・検証できるように、演習プログラムを構成する必要があります。

以上はあくまでも説明用の例ですので、御社の組織体制やＢＣＰの内容を考慮して、御社の事情に合った演習プログラムを作成してください。

演習プログラムを実行する計画を立てる

演習プログラムに含まれる多数の演習を無理なく実行するために、演習プログラムの実行計画が必要になります。これは、第2章の最後で説明したＢＣＭの年間計画に含める形でつくるのが合理的です。

演習プログラムの実行計画を立てる際には、次のような点に留意するとよいでしょう。

・平常時の業務の忙しさを考慮し、演習参加者に過度な負担がかからないようにする。
・すべての演習を1年間に無理やり収めない。
・現場レベルの実務的な演習を一通り行ってから、総合的な演習を行う。
・難易度の低い演習を何度か経験して、ある程度慣れてから難易度の高い演習を行う。

ＢＣＭに関する活動のためにある程度の時間を割くことは必要ですが、ＢＣＭに時間を使い過ぎて御社のビジネスに悪影響が生じてしまっては本末転倒です。また、従業員の方々に無理がかかって残業や休日出勤が増えるような事態も避けるべきです。このあたりは、経営層とも相談しながら、平常時の業務の中でＢＣＭの演習にどのくらいの時間を割くべきかをご検討いただければと思います。

そのような検討の結果として、実施すべき演習をすべて完了するまで1年以上かかるのは、決して珍しいことではありません。むしろ、無理やり年度内に収めようとして本来の業務に無理が生じたり、演習結果の振返りや改善活動がおざなりになってしまうことのほうが問題です。

重要なのは、経営層も納得し、合意した演習プログラムと実行計画がつくられ、その計画に基づいて着実に演習が実施され、その進捗が経営層に報告されることです。

まずは難易度の低いシンプルな演習から始める

223ページでご紹介した演習の中で、シミュレーション演習や実地演習は難易度が比較的高いものです。これまで演習を実施した経験のない企業で、いきなりこのような演習を手掛けると、準備作業が大変なだけでなく、演習そのものがうまくいかず、演習参加者から不評を買うようなことになりかねません。

そのような事態を避けるために、まずはウォークスルー演習や机上演習など、難易度の低い演習を実施し、演習にある程度慣れてきてから、より難易度の高い演習に進まれることをおすすめします。

また、必ずしも難易度の高い演習のほうがより多くの成果を得られるとも限りません。このあたりは、別途、机上演習の手法に関する説明のところで触れたいと思いますが、難易度の高い演習をしなければならないというわけではなく、難易度の低い演習を積み重ねていくというアプローチでも、多くの成果が得られるということは、知っておいていただきたいと思います。

さらに、どの部分を対象とした演習を行うかという観点もあります。図表24のうち(B)、(C)、(D)の部分の演習は、演習の対象範囲（組織的な範囲および業務範囲）が比較的狭いので、演習の内容がシンプルになり、難易度もさほど高くならないと考えられます。これに対して(A)の部分を対象として演習を行う場合、４つの部門＋３つの責任者に関する事柄を扱うことになるため、演習の内容が(B)～(D)に比べて複雑になります。

したがって、(B)～(D)の部分の演習を実施して、ある程度慣れてから(A)の演習に取り組んだほうがよいと思います。また、(B)～(D)の演習を先に実施できれば、これらの演習の結果を(A)の演習の場面設定やシナリオなどに利用できるというメリットもありますので、そういう意味でも(A)の演習を後回しにしたほうが合理的です。

2　シンプルな方法で「机上演習」を実施しよう

机上演習の方法

223ページでは4種類の演習をご紹介しましたが、これらの中で演習の難易度／準備の手間／成果のバランスが最もよく、コストパフォーマンスのよいものが「机上演習」です（筆者のコンサルティングの経験に基づく主観です）。

そこで、本書では、机上演習の方法について、読者の皆様が自力でも実施できるように具体的に説明します。

ここで本題に入る前に、なぜ机上演習が最も難易度／準備の手間／成果のバランスがよいのかを説明しておきたいと思います。机上演習の難易度が比較的低いことについては既に説明しましたので、ここでは準備の手間と成果についての説明を追加したいと思います。

演習を実施するために必要な準備

実地演習を行う場合は、現場を演習で使えるようにするための段取りが必要になります。もし、演習を実施したい現場が平常時の業務で使われているならば、演習のために業務を一旦中断してもらうか、もしくは業務で使われていない休日などに演習を行う必要があります。また、現場で演習を行う場合は、準備作業が何かと大掛かりになるほか、場所によっては演習中の事故を防ぐための処置なども必要になります。

シミュレーション演習を行うためには、時間の経過とともにインシデントの状況がどのように変化していくかを考えて、演習用のシナリオを創作する必要があります。また、シナリオでつくられた状況変化を演習参加者に伝えるための「付与状況」の作成が必要になります（少々ややこしいのですが、演習実施中に演習参加者に対して提示される情報のことを「付与状況」といい、これを提示する行為のことを「状況付与（する）」といいます）。

これらに対して、机上演習では、一般的な会議室などで実施できるため、場所を用意することも容易です。また、シミュレーション演習のようにシナリオをつくる必要もありません。演習開始時の場面設定と各自の筆記用具さえあれば、机上演習を実施できます。

演習に期待すべき成果

演習に期待すべき成果は、計画や手順書、およびこれらを実行するために必要な様々な準備に関する間違いや更新漏れ、解決すべき課題、改善の余地などが明らかになることです。

机上演習においては、参加者間で議論の時間をとりやすいので、このような課題や改善の余地を抽出しやすいというメリットがあります。

実は、筆者自身がコンサルティング会社に所属していた間に最も多く実施した演習は、災害対策本部を対象としたシミュレーション演習です。これは、単にお客様からのニーズが最も多かったからです。

ところが、演習終了後に演習内容の振返りを行ったときに、演習に参加された方々からの発言で最も多かったのは、「災害対策本部の業務がいかに大変かがよくわかった」、「今回は演習だとわかっているからまだよいが、本当の災害が発生したらもっと大変になると思う」などといったものでした。

しかしながら、これらは単なる感想であり、演習の成果としてはあまり価値がありません（災害対策本部の運営が大変であることに気づいてくれたことはよかったと思いますが…）。

演習のシナリオや付与状況には、災害対策本部の体制や対応手順書の内容に関する課題が顕在化するようなネタをいくつも仕込んでおくのですが、参加者の方々は演習中に提示される数々の付与状況に対応していくのが精一杯で、課題について考える余裕を持てないという状況になりがちです。また、付与状況に対するリアクションが中心となり、自ら主体的に判断・行動するという方向に向かいにくくなるという傾向もあります。

このような問題は、付与状況の頻度を減らせば多少は改善されるのですが、減らし過ぎて状況変化が少なくなると、机上演習とあまり変わらなくなってしまいます。

そこで、実際にシミュレーション演習で多くの成果を得るためには、参加者の他に観察者を何人か配置して、演習参加者の発言や行動などを記録し、観察者から参加者にフィードバックするという方法が用いられます。つまり、成果を抽出するためにさらに人手が必要になるという、高コストな演習になりがちなのです。

机上演習ではこのような状況になりにくいので、あまり人手をかけずに、より多くの成果を得られると期待できます。

机上演習の進め方

ここからは、机上演習の進め方について、順を追って具体的に説明していきます。

演習の対象範囲（組織および業務の範囲）を決めたら、演習開始時の場面設定をつくります。これは、例えば「○月×日に震度6強の地震が発生した」とか、「停電して電話も繋がらなくなった」などというように、演習参加者がどのような状況に置かれているかを決めるものです。この場面設定のつくり方については、別途詳しく説明します。

次に、図表25のようなワークシートを用意します。なお、このワークシートは、できるだけ簡単かつ効果的な机上演習を行うために筆者が考案したものです。机上演習を実施するときに、必ずこのようなワークシートを使わなければならないという意味ではありません。図表25では記入例として既に内容が記入してありますが、実際に演習を実施する際には空欄の状態で用意してください。また、行数は10行くらいあったほうがよいと思います。

このワークシートは、印刷して参加者全員に配付してもいいですし、模造紙などで大きくつくっ

【図表25　机上演習用ワークシートの例】

No.	実施内容	必要な機材や資材など	連絡または協力する相手	所要時間	実施結果
1	白井さんが、検査装置Aの破損状況を確認する	検査装置Aの保守マニュアル、ゴム手袋、テスト用サンプル、ドライバー、筆記用具	生産1課	15分	外見上は損傷なし。ただし停電中で動作させられないため、正常に動作するか確認できない。
2	白井さんが、検査装置Aのメーカーに点検を依頼する	電話（どれでも可）、メーカーの電話番号（保守マニュアルに書かれている）、筆記用具		3分	電話が繋がらない。
3					

て壁に貼っても、Excelでつくってプロジェクタで投影しても構いません。

そして、参加者全員で場面設定を確認したら、いよいよ議論に入ります。議論の進め方は次のようになります。

① 場面設定で示されたような状態になったときに、最初に実施すべきことは何かを考え、1行目の「実施内容」の欄に記入します。図表25の例では、地震発生後の工場で、「検査装置A」が破損していないかどうか調べることが想定されています。

② 「実施内容」に書いたことを実施するために必要な機材や資材などをすべて洗い出して、隣の欄に記入します。このとき、参加者同士で話し合って、漏れがないかどうか（これだけ揃えば本当に左の作業を実施できるかどうか）確認します。さらに、もしこのときに連絡または協力すべき相手がいれば、その右隣の欄に記入します。

③ ②で「必要な機材や資材など」の欄に記入したものがすべて使用可能な状態で準備されているか、どこに保管されているか、必要な数量が揃っているかなどを参加者同士で確認します。もし足りないものがあったら、他のもので代替できるか、別の方法で対処できるかなどを検討します。

④ 「実施内容」に書いたことを完了するまでにどのくらいの時間がかかりそうかを見積もって、「所要時間」の欄に記入します。

⑤ ②～④の議論を踏まえて、実施した結果がどうなるかを想像して、「実施結果」の欄に記入します。このとき、実施すべきことがうまく実施できたことにするのか、それとも実施できなかっ

たことにするのかは、場面設定との間で矛盾がなければ、どちらでも構いません。参加者同士で話し合って自由に決めてください。

⑥ ⑤で決めた実施結果を踏まえて、次にどうするかを参加者同士で相談し、次の行の「実施内容」の欄に記入します。

⑦ 以上の議論を、この場面で実施すべきことがすべて完了するか、または演習の終了予定時間になるまで繰り返します。

ところで、⑤のところで「実施結果」を自分たちで自由に決めるように書いてあります。これを勝手に決めていいのかどうか、疑問を感じるかもしれません。なぜなら、実施結果がどうなるかによって、その後の議論内容が大きく変わるからです。例えば、1行目の実施結果で「外見でわかる損傷があった」ということにすると、2行目の「実施内容」が変わるかもしれません。

しかし、これは、勝手に決めて構わないのです。それは、この後の「振返り」の中で、うまくいった場合とうまくいかなかった場合との両方を話し合えればよいからです。

このような議論が自由にできるのも机上演習の長所です。ちなみにシミュレーション演習では、この「実施結果」の決め方が演習成果に影響するので、このような自由な議論がしにくくなります。

演習実施後の「振返り」

前節で説明した方法で、一通り議論ができたら、必ず演習内容を振り返る時間を設けます。時間配分の目安としては、演習30分＋振返り20分くらいが妥当でしょう。筆者の経験上、それ以上長くなると集中力や緊張感が下がることが多いので、このくらいの時間で集中的に議論したほうがよいのではないかと思います。

また、できるだけ演習の後に間を空けずに振返りを行ったほうが、記憶が鮮明なうちに議論できます。

振返りでは、主に次のような観点から参加者同士で議論してください。

・「実施内容」に書かれていることを実施するための手順をすべてわかっているか（もしくはわかるように手順書が書かれているか）。
・人手は足りるか。
・計画や手順書を修正・改善すべき箇所はないか。
・必要な機材や資材の中で、準備が不十分なものや追加で準備すべきものはないか。
・もし「実施結果」が変わったらどうするか（例えば、図表25の場合、１行目の結果で外見上の損傷が見つかったらどうすべきだったか、２行目で電話が繋がったら次にどうするかなど）。
・所要時間の見積りは妥当だったか（もっと長引く可能性はないか）。
・このような所要時間で目標復旧時間に対して間に合うか。
・次に演習を行う場合にはどのような場面設定にすべきか。

これらのような観点での議論ができれば、演習の対象とした計画や手順などに関して、解決すべき課題や改善の余地などが、かなり具体的に明らかになります。

議論した結果は、すべて後で説明する「演習報告書」に記載します。

机上演習のための場面設定をつくる際のポイント

机上演習に用いる場面設定は、過去に発生した災害や事故の事例を参考にして、それらと似たような状況を設定するのが最も簡単だと思われます。特に、企業が災害などで直面した状況がわかるような事例があれば、それを机上演習の場面設定に使うと、他社の事例を具体的に自社に当てはめて検討できるようになります。

ここで意識していただきたいポイントは、次の2つです。

- 演習の内容に関連する条件をできるだけ具体的に決める。
- 場面設定をつくること自体にあまり時間をかけない。

第3章で説明したとおり、BCPをつくるときには、被害想定などの前提条件を細かく決めないほうがうまくいきます。逆に、演習を実施するときは、場面設定を具体的に決めたほうが効果的に確認・検証ができます。

演習のときに場面設定が漠然としていると、演習における議論も漠然としたものになりがちです。一方、場面設定が具体的に決まっていれば、「この状況でこのような作業が可能なのか」といった具体的な議論ができるようになります。しかし、演習に関連するすべての条件を漏れなく決めなければならないというわけでもありません。もし演習を開始した後で、条件を決めなかったものが見つかったら、その場で決めればよいのです。

２つ目の「あまり時間をかけない」というのは、細かい条件をどうするか迷わずに、適当に決めても大丈夫だということです。

机上演習を何度か経験すればおわかりいただけると思いますが、場面設定の内容のよし悪しは、机上演習の内容や成果にさほど影響しません。また、もし机上演習の途中で場面設定に問題があることがわかったら、その場で修正すれば十分間に合います。

例えば、地震が発生したことを想定して机上演習を行う場合、停電したことにすべきか、携帯電話は使えることにしていいか、交通規制はどうなる……などというように、様々な条件を決める必要があるでしょう。そして、「停電した」と決めるか、「停電していない」と決めるかによって、演習における議論の方向が変わりますから、どちらのほうがＢＣＰの確認・検証のために望ましいかと迷われるかもしれません。

しかし、地震が発生したときに停電するかどうかは、実際に地震が起きてみないとわかりません。さらに、水道、携帯電話、交通規制……などといった多数の条件について、それぞれ「使える／使えない」と考え始めたら、組合せは無数に発生します。

第3章の終わりのほうでも似たようなことを指摘させていただきましたが、これらの無数の組合せの中でどのパターンになる可能性が最も高いかを事前に予想するのは無理なので、あれこれ迷わずに「停電した」、「携帯は使える」などと適当に決めて始めたほうがよいのです。

そして、演習を実施している最中や演習実施後の「振返り」の議論のときに、時間的に余裕があれば、「もし停電しなかったらどうするか」といった感じで、場面設定が逆だったらどうなるかを議論してもらうと、より幅広く検証ができるようになります。

3　演習の結果は必ず記録しよう

演習報告書に書くべきこと

演習を実施したら、必ず演習報告書を作成して、実施内容の記録を残してください。

演習報告書のフォーマットは自由です。御社で普段使われている議事録のフォーマットをそのまま使っていただいても構いません。ただし、少なくとも次のような内容は記載すべきです。

- 実施日時、場所
- 演習参加者
- 演習の対象範囲（組織および業務範囲）
- 場面設定の概略
- 振返りにおける議論内容
- 今後改善すべき事項

また、図表25のワークシートに記入したものを演習報告書と一緒に保管すると、演習での議論内容も含めて記録できます。

演習報告書を作成・保管すべき理由

演習報告書を作成・保管すべき理由は、主に３つあります。

１つ目は、今後改善すべき事項を文書化しておき、ＢＣＰや準備状況などの改善に確実に役立てるためです。筆者がかつて担当させていただいた企業の中には、「振返り」の時間内にすべての改善すべき事項に対して実施責任者と期日を決め、Ｔｏ―Ｄｏリストまでつくってしまうという企業もありました。

２つ目は、演習の実施状況を経営層に報告するための根拠とすることです。経営層の方々は、すべての演習報告書を読むほどの時間は割けないと思いますが、年度末などの区切りの時期に（例えばマネジメントレビューなどの際に）、現在のＢＣＰの内容やＢＣＭの状況をまとめて経営層に報告する際に、演習報告書が役に立ちます。

３つ目は、顧客に対する説明に利用できる可能性があるためです。業種によっては、御社におけるＢＣＭの活動状況について、顧客から質問や調査が来る場合があります。特に顧客が外国の企業の場合、単にＢＣＰがつくられているだけでなく、ＢＣＭとしての活動が継続的に行われているか、その活動に経営層がどのように関与しているかなどがチェックされる可能性があります。

もちろん、演習報告書の内容は開示する必要はありませんし、見せろと言われても「秘密情報だから」ということで断ればよいのですが、どのような内容の演習を何回実施したというような実績を説明できれば、顧客の納得度も高くなります。

演習報告書には、単に演習の記録というだけでなく、ＢＣＭの活動そのものの記録といえるほどの意味があります。せっかく貴重な時間を割いて実施した演習ですので、しっかり記録を残して実績を積み上げてください。

4　演習結果をＢＣＰの改善に活用しよう

今後の改善に活かす

演習で発見された不備や改善すべき事柄などは、確実に今後の改善に活かしたいところです。そこで、演習を実施し、演習報告書を作成したら、演習報告書に記載された事項を直ちに次の３種類に分類します。

①　部門単独で改善できるもの。
②　複数の部門間で確認・調整などが必要なもの。
③　経営層の意思決定が必要となるもの。

まず、①については、直ちに該当部署にフィードバックして改善を促します。このとき、該当部署と相談した上で対応期日を決め、ＢＣＭ担当部署が進捗管理を行うようにすると、より確実に改善が実施されるようになるでしょう。

②については、ＢＣＭ担当部署が中心となって調整を進め、改善の方法や担当部署が決まったら、前述の①と同様に進めます。

③に関しては、具体的な改善方法の案や必要な投資額の見積り、改善を実施しなかった場合に予想される結果など、経営層が判断する際に役立ちそうな情報をまとめた上で、しかるべきタイミングで経営層に具申することになるでしょう。

経営層の意思決定は記録に残す

ここで重要なのは、経営層によって意思決定された結果を確実に記録として残すことです。具体的な記録の方法は各社の事情によって異なりますが、経営層による正式な会議の場で意思決定されたのであれば、その会議の議事録に記載されていれば十分です。

特に、ＢＣＭ担当部署から具申された改善提案について、その改善を実施しないことが決定された場合の記録が重要です。このような意思決定が行われたのであれば、改善提案が出された課題に対して会社としてはこれを許容すると判断されたことになります。したがって、この結果を関係者間で情報共有できれば、ＢＣＭに対する会社の投資判断に関して、ある程度の共通認識を持てる可能性があります。

5　他社での事例なども改善に活かそう

ＢＣＰを改善するための材料は、演習だけではありません。他の企業におけるＢＣＭへの取組方法や、他の企業が事故や災害などで事業中断に陥った事例を調べると、自社のＢＣＰを改善するためのヒントが見つかることがあります。

最近は、このような情報がＷｅｂサイトなどにも多数掲載されるようになりましたし、各種セミナーなどの場で、実際に被災した企業が自社の経験を共有してくださる機会も増えています。

利用者の多い情報源の例として、新建新聞社が運営しているＷｅｂサイト「リスク対策．ｃｏｍ」に「ＰＲＯ会員」として登録すると、被災企業の事例やＢＣＭに取り組んでいる先進企業の紹介など、様々な会員限定記事にアクセスできます（https://www.risktaisaku.com/list/info/members アクセス日：２０２１年４月29日）。このような情報源をうまく使って、御社のＢＣＭに有効活用してください。

6　規格やガイドラインなども参考にしよう

本書における最後のトピックとして、規格やガイドラインの活用についてお話したいと思います。

「はじめに」でも少し触れましたが、筆者のＢＣＭに関するノウハウの基盤は、ＢＣＩという非営利団体が発行している「Good Practice Guidelines」（略称ＧＰＧ）というガイドラインです。これは、２００１年に初版が発行されて以来、数年ごとに改訂を重ねながらＢＣＭに関する知識体系の拠りどころとしての地位を確立しており、世界各国のＢＣＭ関係者に最も多く活用されているガイドラインの1つです。したがって、本書で説明されている手法の多くは、ＧＰＧの内容を参考にして書かれています。

また、本書の執筆に当たっては、国際規格ＩＳＯ２２３０１との整合性を保つよう配慮しています。こちらも世界各国のＢＣＭ関係者に広く活用されているＢＣＭの国際標準です。

これらは、いずれも国際的に普及しているにもかかわらず、日本国内ではあまり活用されていません。その主な理由としては次の３つが考えられます。

・ＧＰＧが英語で書かれており和訳されていない。
・ＩＳＯ２２３０１は認証取得のためだけの規格として認知されている。
・日本においてＢＣＭが防災（特に地震対策）の延長線上で普及してきた。

ＧＰＧとＩＳＯ２２３０１とは、成立ちこそ異なりますが、いずれも世界各国にいるＢＣＭのエキスパートがノウハウや経験を持ち寄って、多くの議論を重ねながら開発され、改定作業を通して熟成されてきたものです。このようなノウハウの塊を活用しないのは、非常にもったいないことです。

しかも、これらに書かれている方法論は、日本企業にも確実に役に立ちます。実際、筆者自身がこれらに書かれている方法論に基づいて、多数の日本企業に対してコンサルティングを提供し、成果を上げてきました。

このような問題意識から、筆者は本書の執筆に当たって、GPGおよびISO22301の構成やこれらの中で示されている方法論を踏まえて説明することを強く意識しています。ただし、世間にはISO規格や認証制度を敬遠される方も多いので、あまり「ISO22301」を全面に出すと読んでもらえなくなるのではないかと考え、この点に関しては表に出しませんでした。

もし、本書をお読みになってBCMに取り組まれ、さらに進んだノウハウを学びたいと思ったら、GPGやISO22301、およびこれに関連する規格なども手にとっていただければと思います。

巻末の「参考文献」のセクションに、本書の執筆の際に参照した規格などのリストを掲載しておきますので、ぜひこれらも活用していただき、御社のBCMをより効果的にするためのノウハウを習得していただければと思います。

あとがき

本書は、筆者にとって初の単著となりましたが、当然ながら筆者の独力で成し遂げられたものではありません。これまで業務や様々な研究会活動などでお世話になった皆様のおかげで、多くの知見やノウハウを蓄積できたことが、本書の糧となっています。お世話になった皆様に大変感謝しております。

特に、一般社団法人レジリエンス協会の黄野吉博様、および新建新聞社の中澤幸介様からは、筆者がコンサルタントとして歩み始めた当時から、多くの示唆や有益な情報を提供していただいており、様々な情報を本書の執筆においても活用させていただきました。誠にありがとうございます。

また、筆者にＢＣＭのノウハウの基盤を授けてくれただけでなく、これまでのコンサルタントとしての人生の中で、折に触れて重要な示唆をいただいたり、モチベーションを支えてくれたり、ディスカッションや情報交換の機会を提供してくれている世界中のＢＣＩの仲間に感謝したいと思います。仲間との関係がなければ、この分野での仕事を続けることも、本書を世に出すこともできなかったと思います。

最後になりますが、読者の皆様の組織において、レジリエンスの向上のための活動が着実に進むことを切に願っております。私自身としましては、今後も日本企業のレジリエンス向上に少しでも貢献できるよう、精進してまいります。

田代　邦幸

【参考文献】

■ガイドライン

BCI Good Practice Guidelines 2018 Edition

■規格

・日本規格協会『JIS Q 22301:2020 (ISO 22301:2019) セキュリティ及びレジリエンス—事業継続マネジメントシステム—要求事項』

・日本規格協会『JIS Q 22313:2021 (ISO22313:2020) セキュリティ及びレジリエンス—事業継続マネジメントシステム—JIS Q 22301 使用の手引』

・日本規格協会『JIS Q 22320:2013 (ISO 22320:2011) 社会セキュリティ— 緊急事態管理 —危機対応に関する要求事項』

・日本規格協会『JIS Q 22398:2014 (ISO 22398:2013) 社会セキュリティ —演習の指針』

■参考書

・『世界に通じる危機対応 ISO 22320:2011（JIS Q 22320:2013） 社会セキュリティ — 緊急事態管理—危機対応に関する要求事項 解説』危機対応標準化研究会編著、編集委員長　林春男（2014）

参考文献

日本規格協会

・『やさしいシリーズ21 BCM（事業継続マネジメント）入門』小林誠・渡辺研司著（2008）日本規格協会

・『事業継続マネジメント（BCM）構築の実際』小林誠監修（2006）日本規格協会

・『改訂版 ワークライフバランス 考え方と導入法』小室淑恵著（2010）日本能率協会マネジメントセンター

・『働き方改革 生産性とモチベーションが上がる事例20社』小室淑恵著（2018）ＰＨＰ研究所

・『防災・減災につなげるハザードマップの活かし方』鈴木康弘編（2015）岩波書店

・『被災しても成長できる危機管理「攻めの」5アプローチ』中澤幸介著（2013）新建新聞社

・『ISO 22301:2019（JIS Q 22301:2020）事業継続マネジメントシステム 要求事項の解説』中島一郎・岡部紳一・渡辺研司著（2021）日本規格協会

・『防災・減災の法務 事業継続のために何をすべきか』中野明安・津久井進編・岡本正・今田健太郎・舘山史明・岩渕健彦・野村裕・永野海著（2021）有斐閣

・『事業大躍進に挑む経営者のための「クライシスマネジメント」』林祐著（2017）セルバ出版

・『企業のレジリエンシーと事業継続マネジメント - サプライチェーン途絶！ その時企業はどうしたか』Yossi Sheffi著、渡辺研司・黄野吉博監訳（2007）日刊工業新聞社

著者略歴

田代　邦幸（たしろ　くにゆき）

合同会社 Office SRC 代表。

自動車メーカー、半導体製造装置メーカー勤務を経て、2005年より株式会社インターリスク総研などのコンサルティングファームにて事業継続マネジメント（BCM）や災害対策などに関するコンサルティングに従事した後、独立して2020年に合同会社 Office SRC を設立。

引続き同分野のコンサルティングに従事する傍ら、国際的に BCM の普及啓発を進める非営利団体 The Business Continuity Institute（BCI）の日本支部事務局としての活動などを通して、BCM の普及啓発にも積極的に取り組んでいる。

BCM のプロフェッショナルとして BCI の最高位の資格である Fellow（FBCI）を日本人で初めて取得したほか、BCI のアジア地域での年次表彰「BCI Asia Awards」を2013年、2018年、2019年に受賞している。

Web サイト : https://office-src.com/

Twitter: @ktashiro_src

LinkedIn: https://www.linkedin.com/in/ktashiroSRC

Facebook: https://www.facebook.com/OfficeSRC

困難な時代でも企業を存続させる！！
「事業継続マネジメント」実践ガイド

2021年6月24日 初版発行　　2024年10月18日 第3刷発行

著　者　田代　邦幸　© Kuniyuki Tashiro

発行人　森　　忠順

発行所　株式会社 セルバ出版
〒113-0034
東京都文京区湯島1丁目12番6号 高関ビル5B
☎ 03（5812）1178　　FAX 03（5812）1188
https://seluba.co.jp/

発　売　株式会社 三省堂書店／創英社
〒101-0051
東京都千代田区神田神保町1丁目1番地
☎ 03（3291）2295　　FAX 03（3292）7687

印刷・製本　株式会社 丸井工文社

Printed in JAPAN
ISBN 978-4-86367-666-4